KB188964

미륵삼부경

김현준 역

효림

엮은이 김현준 金鉉埈

　불교신행연구원 원장, 월간 「법공양」 발행인 겸 편집인, 효림출판사와 새벽숲출판사의 주
필 및 고문으로 활동하고 있다.
　저서로는『생활 속의 반야심경』·『생활 속의 보왕삼매론』·『생활 속의 천수경』·『관음신앙·
관음기도법』·『광명진언 기도법』·『신묘장구대다라니 기도법』·『참회』·『불자의 자녀사랑 기
도법』·『사찰 그 속에 깃든 의미』·『사성제와 팔정도』·『육바라밀』·『화엄경 약찬게 풀이』·『유
마경의 기상천외한 이야기』 등 30여 종이 있으며, 불자들의 신행을 돕는 사경집 20여 종과
한글 번역서『법화경』·『원각경』·『유마경』·『승만경』·『아미타경』·『무량수경』·『관무량수경』·
『약사경』·『자비도량참법』·『육조단경』·『선가귀감』 등 10여 종이 있다.

미륵삼부경

초　판　1쇄 펴낸날 2025년 1월 15일

옮긴이　김현준
펴낸이　김연지
펴낸곳　효림출판사
등록일　1992년 1월 13일 (제 2-1305호)
주　소　서울특별시 서초구 반포대로14길 30, 907호 (서초동, 센츄리Ⅰ)
전　화　02-582-6612, 587-6612
팩　스　02-586-9078
이메일　hyorim@nate.com

값 7,000원

ⓒ 효림출판사 2025
ISBN　979-11-87508-98-4 (03220)

차 례

미륵삼부경을 읽는 분들께

희망의 신앙

미륵신앙은 이 땅에 가장 먼저 뿌리를 내렸던 불교신앙이다. 석가모니 불께서 그 제자 중의 한 사람인 미륵에게 장차 부처가 된다고 수기手記한 것을 뿌리로 삼고,『미륵삼부경彌勒三部經』을 토대로 하여 이룩된 신앙이다.

『미륵삼부경』은 각각 미륵보살의 상생上生과 하생下生과 성불成佛을 통한 중생교화를 중심내용으로 다루고 있다. 곧 미륵보살을 신앙의 대상으로 삼아 부지런히 덕을 닦고 노력을 하면, 이 세상을 떠날 때 도솔천兜率天에 태어나 미륵보살과 함께 행복하게 살 뿐 아니라, 미래의 세상에 미륵이 성불할 때 미륵보살을 좇아서 이 세상에 내려와, 미륵불의 법회에 참석하여 성인의 깨달음을 얻게 된다는 것을 자세하게 설하고 있다.

미륵보살

이 미륵신앙의 중심은 미륵, 곧 마이트레야Maitreya이다. 원래 '친우親友'를 뜻하는 '미트라Mitra'로부터 파생된 마이트레야는 자비慈悲라는 뜻을 내포하고 있으므로, 한자 문화권에서는 미륵보살을 '자씨보살慈氏菩薩'이라고도 불러왔다. 관세음보살을 대비보살이라고 부르듯이….

미륵보살은 미래불이 나타나서 석가모니 부처님이 구제할 수 없었던 중생들을 남김없이 구제한다는 대승大乘의 자비사상慈悲思想에 근거하여, 석가모니의 실제 제자였던 미륵이 어떤 보살보다 먼저 등장을 하게 된 것이다.

　『미륵하생경』과 『관미륵보살상생도솔천경』에 의하면, 미륵보살은 인도
바라나시국의 바라문 집안에서 태어나 석가모니불의 교화를 받으면서 수
도하다가, '미래에 성불하리라'는 수기를 받은 다음, 도솔천으로 올라가는
현재 천인天人들을 위하여 설법하고 있다고 한다. 그러나 아직은 부처가
되기 이전의 단계에 있기 때문에 '미륵보살'이라고 부른다.

　우리에게 매우 익숙한 미륵반가사유상彌勒半跏思惟像은 도솔천에 머물
고 있는 미륵보살이 깊은 자비심을 품고 사바세계에 다시 오실 때 어떻게
중생을 구제를 할 것인지를 명상하고 있는 모습이라고 한다. 미륵신앙이
일찍이 들어온 우리나라에서는 삼국시대에 이 미륵반가사유상을 매우 많
이 조성하였다.

　그리고 이 미륵보살을 신앙하는 사람들이 오랜 세월을 기다릴 수 없을
때에는, 현재 미륵보살이 있는 도솔천에 태어나기를 바라고〔上生〕, 보살이
보다 빨리 지상에 강림하기를 염원하는〔下生〕 신행법이 인도·중국·한국·
일본·티베트 등지에서 널리 유행하였다.

　현재 미륵보살이 머무르면서 설법을 하고 있다는 도솔천은 범어 투시
타(Tuṣita)를 음역한 것이며, 뜻으로 번역하면 '지족知足'이 된다.

　지족천知足天은 지나친 욕심이나 번뇌망상으로 인해 방황함이 없는 세
계요, '스스로 만족할 줄 아는' 오유지족吾唯知足의 무리들이 모여서 사는
하늘나라이다.

미륵불

도솔천의 미륵보살은 석가모니 부처님이 열반에 든 뒤 1겁이 지나면 이

사바세계에 출현하여 부처가 된다. 그분이 미륵불이다.

그때의 이 세계는 이상적인 국토로 변하여 유리와 같이 평평하고 깨끗하며, 꽃과 향이 뒤덮여 있다고 한다. 또한 인간의 수명은 8만 세나 되며, 지혜와 위덕이 갖추어져 있고 안온한 기쁨으로 가득 차 있다.

곧 미륵보살은 석가모니불이 입멸入滅하여 1겁이라는 세월이 흐른 다음, 인간의 수명이 8만 세가 될 때에 이 사바세계로 와서 화림원華林園의 용화수龍華樹 아래에서 성불하며, 3회의 설법〔龍華三會〕으로 272억 인을 교화하신다고 한다.

이 세계에는 케투마티Ketumati〔鷄頭末〕라는 성이 있고, 이곳에서 상카 Sangka라는 전륜성왕이 정법正法으로 나라를 다스리게 된다. 이 나라에는 수많은 보배들이 길거리에 즐비하지만, 사람들은 이 보배를 손에 들고 말한다.

"옛사람들은 이것 때문에 서로들 많이도 싸웠지. 그러나 오늘날은 이것을 탐하거나 아끼는 사람이 없다."

이와 같은 아름다운 세상에 미륵은 수범마와 범마월을 부모로 삼아 태어난다. 그는 출가하여 용화수龍華樹 아래에서 성불하고 3회에 걸쳐서 사제四諦·십이연기十二緣起 등의 법문을 설하는데, 1회에는 96억 인이, 2회에는 94억 인이, 3회에는 96억 인이 각기 아라한과阿羅漢果를 얻어서 성인이 된다. 이것이 용화삼회龍華三會의 설법이다. 미륵불은 60년 동안 중생을 교화하여 진리의 눈을 뜨게 한 다음 열반에 드신다.

미륵보살과 미륵불에 대한 신앙은 통속적인 예언의 성격을 띠고 있으며, 구원론적이요 구세주의적인 현현을 의미하기도 한다. 종교적인 인간이면 누구나 품게 되는 이념으로서, 지나치게 철학적이요 이론적인 종교라고 비판을 받고 있던 당시의 불교계에 있어, 이러한 미륵신앙의 등장은 매우 희귀한 일이었다.

특히 미래에 대한 유토피아적 이념이 표출된 희망의 신앙이라는 면에서, 우리 불자는 물론이요 일반인들에게까지 깊은 관심의 대상이 되었던 것이다.

미륵삼부경 독송자의 세 가지 회의

그런데 미륵삼부경을 읽는 이들은 숫자 때문에 더러 회의를 느낀다.

1. 미륵불이 1겁(56억 7천만 년) 뒤에 출현한다는 것
2. 인간의 나이 8만 세가 될 때 이 세상에 오신다는 것
3. 미륵불이 3회의 설법에 걸쳐 272억 인의 아라한을 만든다는 것

1. 석가모니불은 경전에서 미륵불이 1겁 뒤에 출현한다고 하였다. 이를 학자들이 계산을 하여 56억 7천만 년 후라고 하였다. 이 숫자에 놀란 사람들은 '그렇게 오랜 기간을 어떻게 기다려? 지구가 생긴 지가 언제인데…. 그동안 타락하여 지옥이나 아귀 등의 나쁜 세상에 태어나면 미륵불을 만날 수나 있을까?' 등의 걱정과 푸념을 털어놓는다.

그러나 미륵신앙에 준하여 보면 이 숫자는 조금도 문제가 되지 않는다. 왜?

우리가 미륵삼부경을 통하여, 미륵보살과 미륵불을 믿고 따르는 미륵신행을 닦으면 어디에 태어나게 되는가? 당연히 미륵보살이 계신 도솔천 내원궁에 태어난다. 칠보로 만든 아름다운 궁전에서 한량없는 천인들과 함께 지극히 만족스러운 지족知足의 삶을 살아가게 되는 것이다.

더욱이 도솔천의 평균 수명은 몇 세인가? 4천 세이다. 이것을 사바세계

인간의 수명으로 환산하면 몇 년이나 될까?

도솔천 하루는 인간 세상의 4백 년이다. 그러므로 도솔천의 수명인 4천 세는 365일×4000세×400년=5억 8천4백만 년이다. 이렇게 되면 도솔천에 10번만 태어나도 56억 7천만 년을 넘어선다.

미륵신행을 실천하면 꼭 도솔천이 아니더라도 더 좋은 하늘에 태어날 수가 있다. 인간 수명으로 계산하면 욕계 제5천인 화락천化樂天의 1생 수명은 23억 3,600만 년이요, 욕계 제6천인 타화자재천의 1생 수명은 93억 4400년에 이른다. 이러한 곳에서 한두 생을 태어나면 어느덧 1겁이 지나가고, 미륵불이 이 사바세계에 와서 용화삼회의 법회를 열 때 참석하여 아라한이라는 큰 깨달음을 얻는 것이야 얼마든지 가능하지 않겠는가?

도솔천 등의 천상에 태어나서 1겁의 행복과 평온함을 누리다가 미륵불과 함께 하생하는 복된 삶! 1겁이라는 숫자에 대해, 56억 7천만 년이라는 숫자에 대해 조금도 연연하거나 걱정할 필요가 없으리라.

2. 미륵불이 오실 때의 사바 중생 수명 '8만 세'에는 어떤 의미가 담겨 있는가?

장아함경 속의 『전륜성왕수행경轉輪聖王修行經』에는 인간 수명과 십선十善 및 십악十惡의 연관관계를 설한 내용이 있다.

인간이 십악에 젖어 들기 시작하면 차츰 수명이 짧아지는데, 십악 모두가 극성을 부리면 평균 수명이 10세로 줄어든다고 한다.

이때 지극히 불행해진 인간들은 스스로 자각을 하고 반성을 한다.

"선을 닦아야 수명이 연장된다고 하였다. 작은 선이라도 닦자. 어떤 선부터 닦을 것인가? 살생을 하지 말자."

이렇게 '살생을 하지 않겠다'는 결심을 하고 차츰 실천을 하게 되자 수명이 20세가 되었고 ②'도둑질하지 말자'고 하자 수명이 40세로 ③'사음

하지 말자'에 수명이 80세로 ④'망어하지 말자'에 160세로 ⑤'양설하지 말자'에 320세로 ⑥'악구하지 말자'에 640세로 ⑦'기어하지 말자'에 2천 세로 ⑧'간탐말고 보시하자'에 5천 세로 ⑨'질투 말고 선을 닦자'에 1만 세로 ⑩'사견 말고 정견을 행하자'에 2만 세로 ⑪'부모에 효도하고 윗사람을 공경하는 삶'에 8만 세가 된다고 하였다.

이를 바꾸어 말하면 살생·도둑질·사음 등의 십악을 완전히 없애고 십선을 확고히 실천하게 될 때 이 사바세계 중생의 수명이 저절로 8만 세가 된다는 것이요, 미륵불의 교화를 받아 아라한이 될 수 있는 자질을 갖춘다는 것이다. 그러므로 우리는 스스로를 자꾸자꾸 맑혀 가야 한다. 십선의 마음을 품고 십선을 닦아가야 한다. 그것이 바로 수명 8만 세의 핵심되는 가르침이다.

3. 미륵불이 3회설법을 하여 272억 인을 아라한으로 만든다는 내용을 접하고, '현 인류 총인구 80억보다 3배가 더 넘는 수의 인간을 어떻게 구원할 수 있다는 것인가?' 하는 의문을 가지는 이들도 종종 있다. 그러나 이 1겁이라는 긴 세월 동안 십선을 닦으면서 도솔천에 태어나기를 바라고 미륵의 구원을 희구하는 이는 과연 얼마나 될까?

1년에 10명만 되어도, 56억 7천만 년이면 560억이 넘게 된다. 그렇다면 270억이라는 숫자는 결코 많은 것이 아니리라.

지금 눈앞의 나이나 세월이나 교화받는 사람의 수에 빠져서 참된 믿음을 그르치지 말자. 부처님께서 무엇 때문에 우리에게 거짓을 설하실까? 거짓말을 할 까닭은 조금도 없다.

숫자에 기죽지 말자. 숫자에 속아 진짜를 놓치는 일이 없도록 하자. 숫자에 현혹되지만 않으면 결국 미륵신행은 어려운 것이 아니다. 복잡한 교리를 익히라는 것도 아니요, 힘들고 고단한 수행을 하라는 것도 아니다.

　욕망을 조금씩 줄이고 착하게 살라는 가르침, 십선을 닦고자 노력하라는 가르침, 이것을 어찌 어렵다고 할 것인가?

　십선행을 닦으면서 사는 것이 손해 보는 듯이 느껴질지는 모르지만, 십선을 닦으면 현실에서도 훨씬 더 행복하게 살 수 있다. 용기를 내어 희망의 신앙인 이 미륵신앙을 실천해 보기를 진심으로 청하여 본다.

'미륵'의 참된 면목

　미륵신앙을 받드는 우리는 무엇보다 '미륵'이라는 이름이 우리에게 무엇을 가르치고 있는지부터 알아야 한다. 그것을 참된 미륵신앙을 정립한 인도의 고승 무착보살無着菩薩과 관련된 한 편의 이야기 속에서 함께 찾아보자.

　　　　　　　　　　🎴

　무착보살은 미륵의 진신眞身을 친견하기 위해서 12년 동안이나 노력하였다. 그러나 마음 저 깊은 곳에 구하는 것이 많았고, 증득하고자 하는 욕망이 가득하였으며, 소유하려는 것이 적지 않았던 무착에게는 미륵보살이 쉽게 모습을 나타내어 주지 않았다.

　어느 날, 길을 가던 무착은 다 죽어가는 개에게 달라붙어서 살을 갉아먹고 있는 벌레들의 모습을 보게 되었다. 벌레들은 이미 개의 사지四肢 일부를 먹어서 악취가 진동할 뿐 아니라, 감히 쳐다보기도 역겨운 상태에 놓여 있었다. 그 순간 무착은 마음 깊은 곳에서 우러나는 원초적인 소리를 듣는다.

　그는 개도 벌레도 다 살리기 위해 지나가는 행인에게 자신의 승의僧衣

를 벗어주고 칼을 구한 다음, 그 칼로 자신의 넓적다리 살을 도려내었다. 무착은 그 살을 먹도록 개에게 달라붙어 있던 벌레들을 혓바닥으로 핥아서 옮겼다.

바로 그때, 벌레와 개의 먹고 먹히던 현장이 찬란한 광명을 발하면서 미륵보살로 바뀌었고, 보살은 말하였다.

"내가 항상 네 곁에 있었건만, 네 마음의 눈이 어두워서 나를 보지 못하더니 이제야 나를 보는구나. 내 옷자락을 붙잡아라."

미륵보살을 따라 도솔천으로 올라간 무착은 갖가지 설법을 들었고, 뒷날 불교의 유식唯識 사상을 확립시킨 대고승이 되었다.

ॐ

미륵은 중생에게 무엇을 요구하는가?

무착은 무엇에 의지하여 미륵의 진신을 친견할 수 있었는가?

그것은 자비심이었다.

나의 것, 나의 갈구, 나의 증득이 아니라, 자기를 넘어서고 자기를 잊은 대자비심이었다.

그리고 지극한 십선十善의 삶이었다.

자씨보살! 미륵의 자비를 희구하는 자라면 자비의 뜻부터 먼저 새겨야 한다. 무아無我의 자비심과 십선의 자비행을 실천하는 이에게, 미륵의 자비가 언제나 함께함을 깨달아야 하리라.

불기 2565년 11월 말
김현준 합장

미륵삼부경을 독송하고 염불을 하면
다음과 같은 원을 성취할 수 있습니다.

- 부모 및 친척 영가의 도솔천왕생을 기원할 때
- 내생에 자신이 도솔천에 태어나고자 할 때
- 미륵보살의 무한한 자비가 충만하기를 원할 때
- 미륵보살의 지도를 받고자 할 때
- 미륵불의 용화세계에서 아라한이 되고자 할 때
- 집안의 평온하고 복되고 안정된 삶을 원할 때
- 스스로 만족스러운 삶을 살고자 할 때
- 구하는 바를 뜻대로 이루고자 할 때
- 각종 병환·재난·시비·구설수 등을 소멸시키고자 할 때
- 업장을 소멸시키고자 할 때
- 일체의 악을 떠나고자 할 때
- 수명을 늘리고자 할 때
- 영원히 평화롭고 행복하기를 원할 때
- 풍부한 자비심을 갖추고 마침내 성불하기를 원할 때

미륵삼부경 독송 발원문

．．

．．

．．

．．

．．

．．

．．

．．

南無彌勒上生經　南無彌勒下生經　南無彌勒成佛經
나무미륵상생경 나무미륵하생경 나무미륵성불경

개경게　　　　　　　　　　　開經偈

가장 높고　심히 깊은　부처님 법문　　무상심심미묘법
　　　　　　　　　　　　　　　　　　無上甚深微妙法
백천만 겁　지나간들　어찌 만나리　　백천만겁난조우
　　　　　　　　　　　　　　　　　　百千萬劫難遭遇
저희 이제　보고 듣고　받아 지녀서　　아금문견득수지
　　　　　　　　　　　　　　　　　　我今聞見得受持
부처님의　　진실한 뜻 깨치오리다　　원해여래진실의
　　　　　　　　　　　　　　　　　　願解如來眞實意

開法藏眞言
개법장진언　옴 아라남 아라다(3번)

나무 당래하생 미륵존불(3번)

佛　說　彌　勒　上　生　經

불설미륵상생경

※미륵상생경의 원제목은『불설관미륵보살상생도솔천경佛說觀彌勒 菩薩上生兜率天經』으로, 중국 송나라의 저거경성沮渠京聲이 455년 에 한문으로 번역한 것을 저본으로 삼아, 불기 2568년에 불교 신행연구원 김현준 원장이 한글로 번역하였습니다.

불설미륵상생경 차례

※ 이 소제목들은 편의상 붙인 것으로, 원래의 경전에는 있지 않습니다.
  따라서 독송을 할 때에는 읽지 않습니다.

법회를 열다

이와 같이 나는 들었다.

어느 때 부처님께서는 사위국의 기수급고독^{舍衛國 祇樹給孤獨}원(기원정사)에 계시었다.

부처님께서는 초저녁 무렵에 온몸에서 금빛 광명을 발하셨는데, 그 광명은 기수급고독원을 일곱 겹으로 두른 다음 수달타^{須達多}(기원정사를 만든 이) 장자의 집을 비추어 금빛으로 물들였고, 안개와 구름처럼 사위국을 돌면서 곳곳마다 금빛 연꽃을 비처럼 뿌렸으며, 그 광명 속에서 한량없는 부처님이 모습을 나타내어 하나같이 이르셨다.

"지금 이 가운데 1천 명의 보살이 있으니, 가장 먼저 성불한 보살은 구류손불^{拘留孫佛}이 되었고, 최후에 성불하는 보살은 누지불^{樓至佛}이 되느니라"

그때 선정에서 깨어난 아야교진여(阿若憍陳如) 존자는 권속 2백5십 인을 거느리고 있었고, 마하가섭(摩訶迦葉)과 대목건련(大目犍連)과 사리불(舍利弗)도 각각 권속 2백5십 인을 거느리고 있었다.

또 비구니 마하파사파제(摩訶婆斯婆提)는 비구니 권속 1천 인을 거느리고 있었고, 수달타 장자는 3천 인의 우바새(優婆塞)(남자 신도)와 함께 있었으며, 비사카모(毘舍佉母)는 2천 인의 우바이(優婆夷)(여자 신도)와 함께 있었다.

그리고 발타바라(跋陁波羅) 보살마하살은 권속 16보살과 함께 있었고, 문수사리(文殊師利) 보살은 5백 보살과 함께 있었으며, 천(天)·용(龍)·야차(夜叉)·건달바(乾達婆) 등도 부처님의 광명을 보고 구름처럼 모여들었다.

미륵이 태어나는 곳

그때 부처님께서 넓고 긴 혀(廣長舌)(광장설)를 드러내어 여러 가지 광명을 발하셨으니, 그 하나의 광명마다 천 가지 빛깔이 있고, 한 빛깔마다 한량없는 화신불(化身佛)이 계셨다.

이 화신불(化身)들은 한목소리로 청정한 보살들의 심오하고 불가사의한 다라니(陀羅尼)를 설하셨으니, 곧 아난타목카다라니(阿難陀目佉陀羅尼)·공혜(空慧)다라니·무애성(無礙性)다라니·대해탈무상(大解脫無上)다라니 등이었다.

그때 부처님께서 한 음성으로 백억 다라니를 한 번에 설하시자, 대중 가운데 있던 미륵보살이 부처님의 설하심을 듣고 그 자리에서 백만억 다라니 법문을 모두 얻고는, 자리에서 일어나 옷을 단정히 한 다음 공손하게 합장을 하고 부처님 앞에 서 있었다.

그때 우바리(優婆離) 존자가 자리에서 일어나 머리를 숙여 절을 하고 부처님께 아뢰었다.

"부처님이시여, 이전에 부처님께서 율장(律藏)과 경장(經藏)을 설하실 때, '아일다(阿逸多)(미륵보살)가 이 다음에 부처를 이루리라' 하셨습니다.

그러나 아일다는 아직 범부의 몸을 가지고 있고, 번뇌를 다 끊지 못하였습니다.

아일다가 출가는 하였지만 선정을 닦지 아니하여 번뇌를 끊지 못하였는데도, 부처님께서는 '반드시 성불하리라'는 수기(授記)를 주셨습니다.

아일다는 목숨을 마치면 어느 나라에 태어나게 되나이까?"

부처님께서 우바리에게 이르셨다.

"자세히 듣고 잘 생각하여라. 여래가 지금 너희들에게 아뇩다라삼먁삼보리(阿耨多羅三藐三菩提)(위없이 높고 바른 깨달음)를 이룰 미륵보살의 수기에 대해 설하리라.

미륵은 지금부터 12년 뒤에 목숨을 마치면 반드시 도솔천(兜率天)에 왕생하게 되노라. 그때 도솔천에는 보시바라밀(布施波羅蜜)을 아주 잘 닦은 5백만 억의 천인들이 있으니, 그들은 결심을 하노라.

'일생보처보살（一生補處菩薩 1생이 지난 다음 생에 부처가 되는 보살）께 천인들의 복력（福力）으로 궁전을 지어서 공양하리라.'

그리고는 모두가 전단마니（栴檀摩尼）라는 보배로 만든 관（冠）을 벗어들고, 무릎 꿇어 합장하고 발원을 하노라.

'저희는 값을 따질 수 없는 보배로 만든 천관（天冠）을 위대하신 미륵보살께 공양합니다. 왜냐하면 미륵보살이 멀지 않은 내세（來世）에 아뇩다라삼먁삼보리심을 이루실 분이기 때문입니다.

저희가 저 부처님（미륵불）의 거룩한 세계에서 수기를 받을 수 있다면, 저희의 보배관이 궁전을 만드는 공양구가 되어지이다.'

도솔천의 아름다운 모습

천인들이 무릎을 꿇고 이렇게 발원하면, 그 보배관들은 5백만 억의 보배궁전으로 변하노라.

그 하나하나의 보배궁전들은 일곱 겹의 담으로 둘러싸이게 되는데, 하나하나의 담들은 칠보(七寶)로 만들어지고, 그 많은 보배들에서는 각각 5백억 가지 광명이 흘러나오며, 낱낱의 광명에서는 5백억의 연꽃이 피어나노라.

또 하나의 연꽃마다 5백억 개의 아름다운 나무들이 생겨나나니, 칠보로 꾸며진 이 나무들 역시 아주 보기 좋게 줄을 지어 서 있노라.

나무의 잎 하나하나에서는 5백억의 보배 빛이 나오고, 하나하나의 보배 빛에서는 5백억의 염부단금(閻浮檀金)(자줏빛을 띠고 있는 가장 귀한 금)의 빛이 나오며, 5백억 염부단금빛마다 5백억의 아름다운 천녀들이 나와서, 백억 가지 보배와 수없는 영락(瓔珞)을 가지고 나무 밑에 서서 미묘한 음악을 연주하나니, 그 음악은 보살의 불퇴전지법륜(不退轉地法輪)(물러남 없는 진리의 법문)을 연설하고 있노라.

또 그 나무에는 수정(水晶) 빛깔의 열매가 열리는

데, 온갖 빛깔들은 그 수정 빛깔의 열매 속으로 들어가서 한 덩어리가 되며, 한 덩어리가 된 광명들은 다시 오른쪽으로 돌면서 여러 가지 아름다운 소리로 대자대비한 부처님의 법문을 설하느니라.

이 궁전의 모든 담은 높이가 62유순^{由旬}(1유순은 약 10km 정도)이요 두께는 14유순인데, 5백억의 용왕이 이 담을 둘러싸고 칠보로 된 5백억 보배나무를 비처럼 내려서 담을 장엄하나니, 바람이 불어와서 이 보배나무들을 스치면 나무들이 흔들리면서 고^苦·공^空·무상^{無常}·무아^{無我}의 법문과 모든 바라밀^{波羅蜜}을 연설하노라.

미륵궁전의 거룩한 모습

그때 이름이 뇌도발제^{牢度跋提}인 큰 신이 자리에서 일어나 시방^{十方}의 부처님들께 예경하고 발원을 하노라.

'저의 복력(福力)으로 미륵보살을 위해 훌륭한 법당을 지을 수 있다면, 저의 이마 위에 보주(寶珠)가 저절로 생겨날 것입니다.'

이렇게 발원을 하면 뇌도발제의 이마 위에 5백억의 보주가 저절로 생겨 나오고, 유리·수정 등 온갖 빛깔을 갖춘 보주와 속과 겉이 환히 들여다보이는 자감마니주(紫紺摩尼珠)(검붉은 남빛을 발하는 여의주) 등이 공중을 선회하면서 마흔아홉 겹의 미묘한 보배궁전을 만들어내느니라.

이 보배궁전의 난간들은 수많은 범마니보(梵摩尼寶)(범천의 보배구슬)로 이루어지고, 그 난간에서 9억 천자와 5백억 천녀가 화생(化生)(어머니의 태胎를 거치지 않고 태어남.)을 하노라.

이 천인들의 손에서 칠보로 된 수억만 송이의 연꽃이 생겨나나니, 하나하나의 연꽃마다 무량 억만 광명이 나오고, 낱낱의 광명 속에 갖추어져 있는 온갖 악기에서는 연주를 하지 않는데도 하늘의 음악[天樂]이 저절로 울려 나오느니라.

그때 천녀들은 여러 가지 악기를 들고 아름다운 목소리로 노래하고 춤을 추나니, 그 노래는 곧 십선(十善)과 사홍서원(四弘誓願)(네 가지 큰 서원)을 설하는 법문이요, 이 노래를 듣는 천인들은 모두 위없는 도심(無上道心)을 일으키노라.

이 도솔천궁의 담 사이에는 여덟 가지 빛깔의 유리로 된 수로가 있는데, 5백억 보배구슬로 꾸며진 이 수로에는 여덟 가지 맛[八味]과 여덟 가지 빛깔[八色]을 갖추고 있는 팔공덕수(八功德水)가 궁전의 벽 위로 솟아올라 들보와 기둥 사이를 흘러 다니노라.

또 궁전의 4대문 밖에는 네 가지 꽃이 저절로 피어나는데, 그 꽃에서는 물이 흘러나와서 보배 꽃이 굴러가는 것과 같은 장관을 이루며,

꽃송이마다 빼어난 보살의 모습을 지닌 24천녀가 5백억 보배 그릇을 받들고 있는데, 보배 그릇마다 하늘나라의 감로수가 가득 채워져 있노라.

그리고 천녀들은 왼쪽 어깨에 한량없는 영락을 걸치고 오른쪽 어깨에 무수한 악기를 메고서, 구름이 허공에 머물 듯이 물속으로부터 자유롭게 나와서는 보살의 육바라밀^{六波羅蜜}을 찬탄하나니, 누구든지 도솔천에 태어나는 이들은 모두가 이와 같은 천녀들의 시봉을 받게 되느니라.

또 높이가 4유순이요 염부단금 등의 무수한 칠보로 꾸며진 사자좌^{獅子座}가 있고, 사자좌의 네 귀퉁이에는 백 가지 보배로 이루어진 네 가지 묘한 연꽃이 피어나나니, 이 연꽃들은 미묘한 백억 가지 광명을 발하면서 5백억 가지 보배로 된 꽃으로 변하여 사자좌를 아름답게 꾸미노라.

범천왕들의 공양

　그때 시방(十方)세계에 있는 백천의 범왕(梵王)들이 범천(梵天)의 묘한 보배 하나씩을 가지고 와서 보배 방울을 만들어 보배 장막 위에 매달고, 범천의 소왕(小王)들이 하늘의 보배들을 가지고 와서 장막 위에 펼치며, 수많은 천자와 천녀들이 보배연꽃을 뿌리나니, 그 모든 연꽃에서 흰 불자(拂子)를 쥔 5백억의 보배여인들이 저절로 생겨나와 장막 안에 서 있노라.

　그리고 궁전의 네 귀퉁이에는 보배로 된 기둥이 있고, 기둥마다 백천의 누각이 있나니, 범천들은 마니구슬을 엮어 누각을 장식하고, 백천 누각에는 말할 수 없이 아름답게 생긴 천녀들이 악기를 들고 서서 연주를 하면 고·공(苦·空)·무상·무아(無常·無我)와 바라밀(波羅蜜)에 대한 법문이 저절로 울려 나오노라.

　이와 같은 도솔천궁(兜率天宮)은 백억의 한량없는 보

배 빛으로 가득하고, 천녀들의 몸도 보배 빛깔로 장엄되어 더욱 절묘하기 때문에, 이를 본 시방세계의 한량없는 천인들은 목숨을 마친 다음에 도솔천궁에 태어나기를 발원하노라.

그때 도솔천의 내원궁(內院宮)(미륵보살이 계신 궁전의 이름)에는 오대천신(五大天神)이 있느니라.

첫째는 보당천신(寶幢天神)이니, 그가 궁전 담 안으로 칠보를 비 내리듯 뿌리면 그 보배들이 악기로 변하여, 공중에서 온갖 음악을 들려주어 중생들의 마음을 즐겁게 해 주노라.

둘째는 화덕천신(華德天神)이니, 그가 궁전의 담 위로 온갖 꽃을 비 내리듯 뿌리면 그 꽃들은 꽃일산[華盖(화개)]으로 변하고, 그 꽃일산에서 백천 개의 깃대와 깃발[幡(번)]이 생겨나와 중생들을 인도하노라.

셋째는 향음천신(香音天神)이니, 그가 모든 털구멍에서

미묘한 전단향기를 뿜어내면 그 향이 뭉게구름처럼 피어오르면서 백 가지 보배 빛을 내고, 그 보배 빛이 궁전을 일곱 겹으로 둘러싸노라.

넷째는 희락천신(喜樂天神)이니, 그가 여의주를 비처럼 내려 깃대와 깃발 위에 머물게 하면, 그 여의주가 '부처님께 귀의하라. 부처님의 가르침에 귀의하라. 스님들께 귀의하라'는 법문을 하고, 오계(五戒)와 한량없는 선법(善法)과 모든 바라밀을 연설하여 이익을 주고 보리심을 불러일으키노라.

다섯째는 정음성천신(正音聲天神)이니, 그가 모든 털구멍으로 맑은 물을 뿜어내면 그 물에서 5백억의 꽃이 피어나고 꽃봉오리마다 25명의 옥녀(玉女)가 나타나며, 옥녀들의 털구멍에서는 갖가지 아름다운 음악 소리가 나오나니, 그 소리는 타화자재천(他化自在天)(욕계 제6천. 이곳의 왕은 마왕 파순이다)에 있는 마왕의 아내 음성보다 훨씬 더 훌륭하니라."

십선의 거룩한 과보

부처님께서 우바리에게 이르셨다.

"이것이 십선(十善)을 닦아 받는 도솔천의 지극히 복된 모습이다.

그러나 일생보처보살(一生補處菩薩)(미륵보살)이 십선을 닦아서 받을 과보에 대해서는, 내가 한 소겁(小劫) 동안 이 세상에 머물면서 쉬지 않고 설한다 할지라도 다할 수가 없기에, 내 너희를 위해 간략하게 설명을 한 것이니라."

부처님께서 우바리에게 이르셨다.

"만약 비구를 비롯한 모든 대중 가운데 나고 죽는 것(生死)을 싫어하지 않고 도솔천에 왕생하기를 좋아하는 이, 무상보리심(無上菩提心)을 사모하는 이, 미륵의 제자가 되고자 하는 이들은 마땅히 이 관(觀)할지니라.

또 오계(五戒)와 팔재계(八齋戒)와 구족계(具足戒)를 지니고 몸과 마음으로 정진하여 번뇌를 다 끊지는 못하더라도, 십선을 닦으면서 도솔천의 묘한 즐거움을 생각하여라.

이렇게 관하면 정관正觀(바른 관)이라 하고, 이렇게 관하지 않으면 사관邪觀(삿된 관)이라 하노라.”

미륵보살이 도솔천에 날 때의 장관

그때 우바리존자가 자리에서 일어나 의복을 단정히 하고 머리를 숙여 절을 한 다음 부처님께 여쭈었다.

“부처님이시여, 도솔천에 그와 같은 지극한 즐거움이 있다 하시니, 미륵보살은 언제 이 사바세계를 떠나서 그곳에 태어나게 되나이까?”

부처님께서 우바리존자에게 이르셨다.

“미륵은 바라나국 겁바리촌에 있는 ‘바바리’

라는 바라문의 집에서 태어났으며, 12년 뒤의 2월 15일에 고향인 겁바리촌으로 돌아가서 가부좌를 하고 선정(禪定)에 들어 이 세상을 떠나노라. 그때 미륵의 몸에서는 자금색(紫金色)의 광명이 뻗어 나와 도솔천에까지 이르나니, 그 광명의 밝기는 백천 개의 해가 한꺼번에 빛나는 것 같으니라.

그리고는 온몸 그대로 사리(舍利)가 되어 금으로 만들어진 동상처럼 움직이거나 흔들리지 않으며, 몸을 둘러싸고 있는 둥근 광명 속에는 '수능엄삼매(楞嚴三昧)'와 '반야바라밀(般若波羅蜜)'이라는 글자와 뜻이 환하게 나타나게 되나니, 그때 사람과 천인들이 온갖 보배로 묘한 탑을 세우고 사리에 공양하느니라.

그때 미륵보살은 도솔천 칠보대(七寶臺)에 있는 마니전(摩尼殿)의 사자좌에 홀연히 화생(化生)을 하여 연꽃 위에 가부좌를 하여 앉나니, 몸은 염부단금빛을 발하고 키는 16유순이나 되느니라.

미륵은 32상과 80종호를 모두 갖추고 있나니, 정수리 위에는 세상 사람의 눈으로는 볼 수 없는 육계(^{肉髻} 부처님의 정수리에 상투 모양으로 돋아나 있는 살)가 있고, 머리털은 검붉은 유리 빛깔이며, 머리에는 여의보주와 붉은빛이 선명한 보옥(^{寶玉})으로 만든 천관(^{天冠})을 쓰고 있노라.

이 보배 천관에서는 백만 억의 빛이 흘러나오는데, 하나하나의 빛마다 무량백천의 화불(^{化佛})이 있고, 화현을 한 수많은 보살이 화불들을 모시게 되며, 다른 세계에서 온 대보살들은 열여덟 가지 신통을 마음대로 나타내면서 천관 속에 머무느니라.

그리고 미륵보살의 두 눈썹 사이에 있는 백호(^{白毫} 부처님의 미간에 있는 흰 털)에서는 여러 가지 광명이 뻗어 나와서 백 가지 묘한 보배 빛을 이루며, 5백억 가지 보배의 빛을 품은 32상과 80종호에서는 8만 4천의 광명구름이 일어나노라.

이런 가운데 미륵보살은 천인들과 더불어 꽃자리에 앉아서 하루에 여섯 번씩 불퇴전지不退轉地 법륜法輪을 설하여, 길지 않은 시간 안에 5백억의 천인들로 하여금 아뇩다라삼막삼보리심을 일으키고 물러남이 없게 하느니라.

미륵보살은 도솔천에서 이와 같이 밤낮으로 설법하여 수없이 많은 천인들을 교화한 뒤에 다시 염부제閻浮提로 내려오나니, 이에 대해서는 미彌륵하생경勒下生經에서 설하겠노라."

도솔천에 나려면

부처님께서 우바리존자에게 이르셨다.

"이것이 미륵보살이 이 염부제閻浮提에서 목숨을 마치고 도솔천에 상생上生을 하는 인연이니라.

내가 열반에 든 뒤에 나의 제자들은

① 부지런히 정진하여 공덕을 닦고 몸가짐을 바로 하여라.

② 탑과 땅을 청소하고 좋은 향과 꽃을 공양하여라.

③ 여러 가지 삼매를 닦아 깊은 선정에 들고 경전을 외워라.

이와 같은 수행을 정성껏 하면 비록 번뇌를 끊지 못했을지라도 육신통(六神通)을 얻은 것이나 다를 바가 없느니라.

그리고 오로지 한 마음으로 부처님의 거룩한 모습을 생각하고 미륵보살을 부르는 이나, 일념으로 팔재계(八齋戒)를 받아 깨끗한 수행을 하고 큰 서원을 발한 이가 목숨을 마치면, 날쌘 장사가 팔을 한번 펴는 사이에 도솔천에 태어나서 연꽃 위에 가부좌를 하고 앉게 되노니라.

그때 백천의 천인들이 하늘의 음악을 연주하고 하늘의 만다라화(曼茶羅華)와 마하만다라화(摩訶曼陀羅華)를 그 머리 위에 뿌리면서 찬탄을 하노라.

장하고도 훌륭하오 선남자시여
염부제에 계시면서 복덕을 닦아
지금 여기 도솔천에 태어나셨소
그대 어서 미륵님께 귀의하시오

그 말을 듣고 미륵보살에게 예배를 한 다음, 미륵보살의 백호에서 나오는 광명을 관하면 90억 겁 동안 지은 죄업을 뛰어넘게 되노라.

또 미륵보살은 그 중생의 숙세(宿世) 인연(因緣)에 맞게 묘법(妙法)을 설하여, 그의 마음을 굳건하게 해주고 무상도심(無上道心)에서 물러나지 않게 해주노라.

이와 같은 중생들이 나쁜 업을 깨끗이 하면

서 육사법(六事法)(불·법·승·도솔천·계율·
보시의 여섯 가지를 생각함)을 닦으면, 반드시 도솔천에 태어나서 미륵보살을 만나게 되느니라.

또한 미륵보살을 따라 염부제로 내려와서 미륵보살이 성불할 때 가장 먼저 법문을 듣게 되고, 지금 세상인 이 현겁(賢劫)에 출현하는 모든 부처님과 미래의 세상인 성수겁(星宿劫)의 1천 부처님을 만나서, 그 부처님들로부터 성불할 것이라는 수기를 받게 되느니라."

미륵 예참의 공덕

부처님께서 우바리존자에게 이르셨다.

"내가 열반에 든 다음에 비구(比丘)·비구니(比丘尼)·우바새(優婆塞)·우바이(優婆夷)·천(天)·용(龍)·야차(夜叉)·건달바(乾達婆)·아수라(阿修羅)·가루라(迦樓羅)·긴나라(緊那羅)·마후라가(摩睺羅伽) 등의 대중들 중에, '미륵보살마하살'의 이름을 듣고 기쁜 마음으로 공경하고 예배하는 이가 있으면, 그는 목숨을 마친 다음 손가락을 한 번 튕기는 사이에 도솔천에 상생(上生)하느니라.

또 미륵보살의 이름만 들어도 목숨이 다한 다음에 어두운 곳이나 변두리나 삿된 소견을 지녔거나 나쁜 짓을 하는 집안에는 태어나지 않나니, 언제나 바른 소견을 지닌 좋은 부모·형제 등의 권속을 만나고 삼보를 비방하는 일이 없느니라."

부처님께서 우바리존자에게 이르셨다.

"만약 선남자선여인 중에 계율을 범하고 많은 악업을 지은 이가 있다 하더라도, 대자대비한 미륵보살의 이름을 듣고 오체투지(五體投地)의 절을 하면서 지성으로 참회하면, 모든 악업이 속히 청정하게 되느니라.

또 미래 세상의 중생들이 대자대비한 미륵보살의 이름을 듣고, 그 형상을 만들어 모시거나, 향과 꽃과 일산과 깃대와 깃발 등을 공양하고 예배하면서 끊임없이 생각하면, 그가 목숨을 마칠 때 백호 광명을 발하는 미륵보살이 천인들과 함께 만다라꽃비를 내리면서 맞이하러 오나니, 그는 잠깐 사이에 도솔천에 태어나게 되느니라.

그리하여 미륵보살에게 절하고 머리를 들기도 전에, 미륵보살의 법문을 듣고 무상도(無上道)를 얻어서 다시는 물러남이 없는 불퇴전의 경지에 들어가서, 아득한 미래세에 이르도록 항하의 모래알처럼 많은 부처님을 만나게 되느니라."

부처님께서 우바리존자에게 이르셨다.

"우바리야, 너는 자세히 들으라. 이 미륵보살은 미래세의 중생들에게 큰 귀의처(歸依處)가 되나니, 마땅히 알아라. 미륵보살에게 귀의하는 이는 무상도에서 물러나지 않게 된다. 그리고 미륵보살이 여래·응공·정변지의 부처가 될 때, 이 사람은 미륵불의 광명을 보는 것과 동시에 '부처가 되리라'는 수기를 받게 되느니라."

미륵관행법

부처님께서 우바리에게 이르셨다.

"내가 열반에 든 뒤에 사부제자(四部弟子)(사부대중. 비구·비구니·우바이·우바새)나 천·용·귀신들이 도솔천에 태어나고자 한다면 마땅히 다음과 같이 관하여야 한다.

한 생각으로 오직 끊임없이 도솔천을 관하고 계율을 지킬지니, 하루에서 7일 동안 십선(十善)을 생각하고 십선도(十善道)를 행하여라. 그리고 그 공덕을 회향하여 미륵보살 앞에 태어나기를 원할지니라. 이 원을 성취하고자 이 관을 닦는 이는 한 명의 천인이나 한 송이의 연꽃을 보게 되노라.

그리고 한 생각으로 미륵보살을 부르면 그는 1천2백 겁 동안의 죄업을 소멸하게 되고, 미륵보살의 이름을 듣고서 합장하여 공경만 하더라도 그는 50겁 동안 지은 죄업을 소멸하게 되며, 미륵보살께 공경 예배하는 이는 백억 겁 동안의 죄업을 소멸하느니라.

그들은 도솔천에 태어나지 못할지라도, 미래세에 미륵보살이 용화보리수(龍花菩提樹) 아래에서 대각(大覺)을 이룰 때 미륵불을 만나 무상도심(無上道心)을 일으키느니라.”

부처님께서 이렇게 말씀하시자, 한량없는 대중이 자리에서 일어나 부처님과 미륵의 발 아래 엎드려서 절을 하고, 부처님과 미륵보살의 주위를 백천 번 돌고 또 돌았다.

그리고 도과(道果)를 아직 얻지 못한 대중들은 다음과 같은 원을 세웠다.

"저희 천·용 등의 팔부신(八部神)들은 지금 부처님 앞에서 성실하게 큰 원을 발하옵니다. 오는 세상에 꼭 미륵보살을 뵙게 되고, 이 몸을 버린 다음 도솔천에 태어나지이다."

그때 부처님께서 대중들에게 수기를 주셨다.

"너희 가운데 오는 세상에서 복을 닦고 계를 지키는 이는 모두가 미륵보살 앞에 왕생하여 미륵보살의 보살핌을 받게 되리라."

부처님께서 우바리에게 이르셨다.

"이렇게 닦는 관을 정관(正觀)이라 하고, 다르게 관을 닦으면 사관(邪觀)이라 하느니라."

경의 이름과 대중들의 환희

그때 아난존자(阿難尊者)가 자리에서 일어나 공손하게 무릎을 꿇고 부처님께 아뢰었다.

"훌륭하십니다, 세존(世尊)이시여. 감사합니다, 세존이시여.

미륵보살의 공덕을 잘 말씀해 주시고, 복을 닦는 중생이 미래세에 받게 될 과보에 대해 설하여 주시니, 저의 기쁨은 매우 크옵니다.

부처님이시여, 이 법문의 요지를 어떻게 수지(受持)(잘 간직하고 지님)해야 하며, 이 경의 이름은 무엇이라 하옵니까?"

부처님께서 아난존자에게 이르셨다.

"너희는 여래의 이 말들을 잘 수지하여 잊어버리지 말라. 아무쪼록 이 말을 잘 수지하여, 미래세의 중생들에게 도솔천으로 가는 길을 열어주고 부처가 되는 길을 보여 주어서, 부처의 종자가 끊어지지 않게 하여라.

이 경의 이름은 『미륵보살반열반경(彌勒菩薩般涅槃經)』이며, 『관(觀)미륵보살상생도솔타천권발보리심경(彌勒菩薩上生兜率陀天勸發菩提心經)』이니, 이와 같이 알고 지니도록 하여라."

  부처님께서 이렇게 경을 설하시는 동안, 다른 세계에서 온 십만 보살들은 번뇌의 마구니를 물리치는 수능엄삼매(首楞嚴三昧)를 얻었고, 8만억 천인들은 보리심(菩提心)을 일으켜서 장차 미륵보살을 따라 이 세상에 하생(下生)할 것을 발원하였다.
  또 이 말씀을 들은 사부대중과 천·용 등의 팔부신중은 몹시 기뻐하면서 부처님께 예배를 드리고 물러갔다.

〈미륵상생경 끝〉

佛 說 彌 勒 下 生 經
불설미륵하생경

※이 불설미륵하생경은 역경승譯經僧 축법호竺法護가 308년에 한 문으로 번역한 것을 저본으로 삼아, 불기 2568년에 불교신행연 구원 김현준 원장이 한글로 번역하였습니다.

불설미륵하생경 차례

※ 이 소제목들은 편의상 붙인 것으로, 원래의 경전에는 있지 않습니다.
따라서 독송을 할 때에는 읽지 않습니다.

법회를 열다

이와 같이 나는 들었다.

어느 때 부처님께서는 사위국(舍衛國)의 기수급고독원(祇樹給孤獨園)에서 대비구 1천2백5십 인과 함께 계시었다.

그때 오른쪽 어깨를 드러낸 아난이 오른쪽 무릎을 땅에 대어 예배를 하고 아뢰었다.

"그윽하게 관찰하는 여래께서는 과거·현재·미래의 일을 환하게 다 아시옵니다.

과거세에 성불하신 모든 부처님의 이름과 그 부처님을 따르고 배운 제자와 보살들이 얼마나 되는지를 다 아시고, 1겁·백겁·무수겁 전의 일들도 다 아시고, 미래 세상의 국왕과 대신과 백성의 이름도 다 아시고, 현재 세상의 여러 나라에 대해서도 환히 알고 계십니다.

부처님이시여, '장차 먼 세월이 지난 후에 출현하는 미륵(彌勒)이 등정각(等正覺)을 이루어서 부처가 된다'고 하신 것에 대해 듣기를 원하옵니다.

미륵불을 따르는 제자는 얼마나 되고, 그 불 국토는 얼마나 풍족하고 안락하며, 그 법은 얼마 동안 이 세상에 머물게 되나이까?"

부처님께서 아난에게 이르셨다.

"아난아, 자리로 돌아가서 나의 말을 들으라. 미륵불의 세계가 얼마나 풍족하고 안락하지, 그 제자는 얼마나 되는지를 설할 것이니, 잘 생각하고 마음속에 간직하여라."

미륵 성지 계두성

아난이 부처님의 말씀을 듣고 제자리로 돌아가서 앉자 부처님께서 이르셨다.

"오랜 세월이 지난 다음, 이 세계에 큰 성이 생기나니 이름이 계두성(鷄頭城)이다. 그 성의 동서는

12유순이요 남북은 7유순이며, 땅이 평탄하고 기름져서 많은 사람들이 복되게 살고, 거리마다 번화하기 이를 데 없느니라.

그때 계두성 안에 있는 수광(水光)이라는 용왕은 밤이 되면 향기로운 비를 내려 거리를 적시고, 낮에는 성안을 맑고 평화롭게 만드노라.

또 계두성 안에 있는 섭화(葉華)라는 나찰(羅刹)은 법에 맞게 행하여 바른 가르침을 어기지 않을 뿐 아니라, 사람들이 잠든 다음에 더러운 물건들을 치우고 향즙(香汁)을 땅 위에 뿌려 성안을 지극히 향기롭고 깨끗하게 하느니라.

아난아, 그때 이 염부제의 땅 넓이는 동서남북이 각각 10만 유순에 이르고, 산과 강의 석벽 등은 저절로 무너져서 다 없어지며, 4대해의 물은 각각 동서남북으로 나누어지느니라.

또 염부제의 땅은 지극히 평탄하고 거울처

럼 맑고 밝아진다. 곡식이 풍족하고 인구가 많고 보배들이 넘쳐나며, 마을들이 연이어져서 닭이 우는 소리를 서로 들을 수 있노라.

해로운 꽃과 나쁜 과일나무는 다 말라 없어지고 냄새나고 더러운 것은 스스로 소멸되어, 감미로운 과일나무와 향기롭고 아름다운 것들만이 자라느니라.

그 세상의 기후는 온화하여 고르고, 사계절이 순조롭다. 사람의 몸에는 질병이 없고, 탐욕과 성냄과 어리석음은 아주 옅어서 드러나지 않으며, 인심이 좋아서 평화롭기 그지없고, 서로가 만나면 기뻐하면서 좋은 말만을 주고받고 뜻에 어긋나는 말을 하지 않으니, 울단월鬱單越이라는 세계에 사는 것과 같으니라.

또 그때 염부제 사람들의 몸 크기는 별로 차이가 없고, 목소리 크기도 다 비슷하며, 대소변을 보고자 하면 땅이 저절로 열리고 일을 마치면 땅이 저절로 닫히느니라.

또 쌀은 심지 않아도 저절로 자라며, 껍질이 없고 달고 향기로우며, 먹고 나서 앓거나 병으로 고생하는 일이 없느니라.

그리고 금과 은과 자거·마노·진주·호박 등의 보배가 땅 위에 흩어져 있어도 주워가는 사람이 없을뿐더러, 오히려 말하느니라.

'옛사람들은 이것 때문에 서로 다투고 해를 입혀서 잡혀가고 옥에 갇히는 등의 고생을 수없이 하였는데, 지금은 자갈돌처럼 여겨서 사람들이 지키거나 보호하지 않는다'고.

전륜성왕 양거와 그의 복력

그때 법왕이 출현하니 이름이 양거(穰佉)요, 정법(正法)으로 나라를 다스리노라. 그는 전륜성왕의 칠(七)

寶
보인 ① 金輪寶
금륜보 (금으로 된 수레바퀴) ② 象寶
상보 (코끼리) ③ 馬寶
마보 (말) ④
珠寶
주보 (여의주) ⑤ 玉女寶
옥녀보 (여인) ⑥ 典兵寶
전병보 (兵馬 병마) ⑦ 守藏寶
수장보 (보배 창고)
를 모두 갖추고 천하를 다스리기 때문에, 전쟁을 치르지 않고도 사방의 나라들이 스스로 항복을 하고 귀화를 하노라.

또 아난아, 이 양거왕에게는 四大寶藏 사대보장 (네 개의 보배 창고)이 있느니라.

첫째는 건타월국에 있는 伊羅鉢大寶藏 이라발대보장으로, 온갖 진기한 보물과 기이한 물건들이 헤아릴 수 없이 많다. 둘째는 미제라국에 있는 綢羅 주라 大寶藏 대보장으로 진기한 보배가 가득하다. 셋째는 수뢰타대국에 있는 대보장으로 역시 진기한 보배들이 가득하며, 넷째는 바라나국에 있는 양거왕의 대보장으로 진기한 보물들이 가히 칭할 수 없을 만큼 가득하니라.

이 4대보장은 다 저절로 생긴 것인데, 창고

를 지키는 책임자들이 왕에게 와서 아뢰노라.

'대왕이시여, 원하옵건대 보배 창고에 있는 보물을 백성들에게 은혜롭게 베푸소서.'

그때 양거대왕은 보물들을 백성들에게 보시를 하면서, 다시 가지려 하지 않을뿐더러 재물에 대한 생각까지 없애느니라.

또 그때의 염부제에서는 나무에서 지극히 부드러운 옷들이 저절로 생겨나는데, 사람들은 힘들이지 않고 나무에서 좋은 옷들을 거두어서 입노라. 이는 울단월 세계의 사람들이 나무에서 옷을 거두어 입는 것과 같다.

미륵불의 부모

그때 양거대왕에게 한 대신이 있으니, 이름이 수범마修梵摩이다. 두 사람은 어려서부터 서로 좋아하고 서로를 매우 존중하는 사이니라.

수범마는 모습이 단정하고, 알맞은 키에 너무 뚱뚱하지도 마르지 않고, 희거나 검지도 않고, 늙어 보이지도 젊어 보이지도 않노라.

수범마의 아내 이름은 범마월梵摩越로, 여인들 가운데 가장 뛰어나게 아름다워서 하늘나라의 왕비와 같나니, 이 여인의 입에서는 우발라 꽃 향기가 나오고, 몸에서는 전단향기가 퍼지며, 부인이 갖추어야 할 44종의 훌륭한 자태를 갖추고, 질병이나 산란한 생각이 없느니라.

그때 미륵보살은 도솔천兜率天에 있으면서 부모가 될 수범마 내외가 늙지도 젊지도 않은 것을 보고 문득 하강하여 범마월 부인의 태胎 속으로 들어가느니라.

그리고 내가 오른쪽 옆구리로 태어난 것 같이 미륵보살이 그 어머니의 오른쪽 옆구리에서 나오게 되면, 도솔천인들이 사바세계로 내려와서 탄생을 노래하고 찬탄을 하노라.

수범마는 아들의 이름을 미륵(彌勒)이라고 짓나니, 이 미륵보살은 32상(相)과 80종호(種好)를 갖추며, 몸에서는 황금빛을 발하느니라.

미륵의 성불과 천왕·마왕의 환희

그때 사람의 수명은 아주 길어서 병을 앓음이 없이 8만 4천 세를 살며, 여자들은 5백 세가 되어 결혼을 하노라.

미륵은 얼마 동안 집에서 자라다가 출가를 하여 도를 닦게 되는데, 계두성에서 멀지 않은 곳에 있는 높이 1유순이요 둘레가 5백 보인 용화수(龍華樹) 아래에 앉아 무상대도(無上大道)를 이루느니라.

미륵보살이 깨달음을 이루어 부처님이 될 때 삼천대천세계(三千大千世界)(전 우주)는 여섯 갈래로 진동(六種震動)

하며, 지신들이 서로 말하노라.

'미륵보살께서 지금 부처의 도를 이루셨다.'

또 그 메아리가 사천왕의 궁전에까지 울리면 사천왕도 미륵보살의 성불을 기뻐하고, 나아가 삼십삼천과 염마천·도솔천·화락천·타화자재천과 범천에 이르기까지 그 기쁜 소식이 전하여져서 다 함께 기뻐하느니라.

'미륵보살이 드디어 성불하셨다.'

그때 대장이라는 이름을 가진 마왕이 바른 법으로 하늘을 다스리고자 할 때, 여래의 이름이 울려 퍼지는 소리를 듣고 기쁨을 주체하지 못하여 환희롭게 춤을 추면서 7일 낮 7일 밤을 잠들지 못하다가, 욕계의 많은 천인을 이끌고 미륵불이 계신 곳에 와서 공손하게 예배를 하느니라.

미륵성존은 많은 인간과 천인들에게 차례차

레로 점점 미묘한 법문들을 설하나니, 그 내용은 남에게 아낌없이 보시하는 법, 계율을 지키는 법, 하늘나라에 태어나는 법, 부정한 욕심을 다스리는 법 등의 매우 요긴한 가르침들이다.

이에 대중들이 발심하고 기뻐하는 것을 보고 미륵불은 모든 부처님들께서 늘 설하신 고集 집멸도滅道의 사성제四聖諦 법문을 천인들에게 자세히 일러주나니, 그 자리에 있는 8만 4천 천인들은 모든 번뇌를 여의고 진리를 보는 맑은 법안法眼을 얻게 되노라.

그때 대장마왕이 세상 사람들에게 말하노라. '너희는 속히 출가하라. 미륵불이 오늘 피안에 이르는 가르침을 설하여 너희를 저 피안에 이르게 하리라.'

속인을 위한 법문과 그들의 출가

그때 계두성 안에 한 장자가 있으니 그의 이름은 선재(善財)이다. 마왕의 말과 함께 미륵불이 성불할 때 땅이 진동하는 소리를 들은 선재는 8만4천 대중을 이끌고 부처님 계신 곳으로 나아가노라. 그리고 공손히 절을 하고 한쪽으로 물러나서 자리를 잡으면, 미륵불이 미묘한 법문을 설하기 시작하노라.

보시하는 법, 계율을 지니는 법, 하늘나라에 태어나는 법, 욕심을 버리는 법 등의 매우 요긴한 가르침들이다.

이에 대중들의 마음이 열려서 법문을 이해하는 것을 보고, 미륵불은 모든 부처님들께서 늘 설하신 고집멸도의 사성제 법문을 천인과 사람들에게 자세히 일러주면, 그 자리에 있는 8만 4천 대중은 번뇌를 끊고 맑은 법안(法眼)을 얻느니라.

이에 선재장자와 8만 4천 인은 출가하여 청정행을 닦고 아라한도를 얻나니, 이렇게 미륵불은 그 법회에서 8만 4천 인을 제도하여 아라한과를 얻게 하느니라.

그때 양거왕은 '미륵불이 성불하셨다'는 말을 듣고 곧 미륵불이 계신 곳으로 달려가서 법문을 듣고자 하며, 미륵불은 왕에게 법을 설하나니, 그 법문은 처음도 중간도 끝도 모두 훌륭하고 거룩하고 심오한 진리니라.

법문을 들은 양거왕은 왕위를 태자에게 물려준 다음, 머리를 깎고 진기한 보물들을 스승에게 바치고, 또 다른 많은 보배들을 여러 범지(수행자들)에게 보시를 하노라.

그리고 8만 4천 대중을 거느리고 부처님 계신 곳으로 가서 사문이 되나니, 그들 모두는 도과를 얻어 아라한이 되느니라.

그때 수범마 대장자는 아들인 미륵이 부처가 되셨다는 소식을 듣고 8만 4천 범지들을 데리고 부처님이 계신 곳으로 나아가서 모두가 사문이 되고 아라한의 도과〔道果〕를 얻게 되나니, 그들 중에서 수범마는 세 가지 근본 번뇌인 탐욕〔貪〕과 성냄〔瞋〕·어리석음〔癡〕을 모두 끊어서 괴로움을 완전히 벗어나느니라.

미륵의 어머니 범마월도 8만 4천 명의 시녀를 이끌고 부처님 계신 곳으로 나아가 사문이 되어 모두 아라한과를 얻나니, 범마월 부인은 탐·진·치〔貪 瞋 癡〕를 모두 끊고 수다원과〔須陀洹果〕만 얻노라.

그때 많은 찰제리〔刹帝利〕 부인들도 '미륵불이 이 세상에 출현하여 등정각〔等正覺〕을 이루었다'는 소식을 듣고, 수천만 대중이 부처님 계신 곳에 나아가서 땅에 엎드려 절하고 한 쪽으로 물러나서 앉나니, 그들 각각은 마음으로 이미 사문이 되어 도를 배우기 시작하되, 어떤 이는 차례를 뛰어넘어 한 번에 깨달음을 얻고, 어떤 이는 차례를 뛰어넘지 않고 깨달음을 얻게 되노라.

아난아, 그때 차례를 뛰어넘지 않고 깨달음을 얻는 이는 모두 일찍부터 불법을 받들어 오던 이로써, 세상의 모든 일들을 즐겁게 생각하지도 않고 매달리지도 않는 사람들이다.

그때 미륵불은 성문승^{聲聞乘}·연각승^{緣覺乘}·보살승^{菩薩乘}의 삼^三승^乘에 대해 설하나니, 지금 내가 설하고 있는 것과 같으니라.

대가섭의 가사 전달과 삼회의 설법

나의 제자 가운데 십이두타행^{十二頭陀行}을 잘 닦는 대^大가섭^{迦葉}이 있다. 가섭은 과거 여러 부처님의 처소에서 범행(깨끗한 행)을 잘 닦은 이로써, 미륵불을 도와 사람들을 교화하고 있느니라.

가섭은 내가 열반에 들 날이 가까워지면 가부좌를 하고 몸과 마음을 바로 하여 부처님을 생각하나니, 그때 내가 가섭에게 말하느니라.

'내 이제 늙어 팔십 세를 바라보는구나. 다행히 나에게는 네 명의 큰 성문이 있어서 교화의 임무를 잘 감당하게 돈다.

그들의 지혜는 다함이 없고 많은 공덕을 갖추고 있나니, 네 성문은 비구 대가섭과 비구 군도발탄(軍徒鉢歎)과 비구 빈두로(賓頭盧)와 비구 나운(羅云)이다.

이들 네 성문은 열반에 들지 않고 있다가 나의 법이 소멸된 뒤에야 열반에 들게 되지만, 대가섭은 열반에 들지 않고 미륵불이 세상에 나올 때까지 기다려야 한다.

왜냐하면 미륵불이 교화하는 제자들 모두가 석가여래인 나의 제자요, 모두 나의 교화에 힘입어서 번뇌를 떠난 이들이기 때문이다.

대가섭이여, 마갈다국 비제촌(毘提村)에 있는 산속에

서 미륵불이 올 때까지 기다릴지어다.'

　미륵불이 수많은 대중들에게 둘러싸여서 그 산으로 가면, 부처님의 은혜를 입은 여러 귀신들이 문을 열어주고, 대중들은 가섭이 선정에 들어 있는 굴속을 볼 수 있게 되노라.

　그때 미륵불이 오른손을 펴서 가섭을 가리키며 말하느니라.

　'이분은 과거 석가모니불의 제자로 가섭이라 이름하노라. 오늘에 이르기까지 두타頭陁 고행苦行에는 으뜸가는 분이시다.'

　대중들은 이 광경을 보고 전에 없던 희유한 일이라 찬탄을 하고, 수많은 중생은 번뇌와 더러움을 떠나 맑은 법안法眼을 얻게 되며, 어떤 중생은 가섭의 몸을 보게 되노라.

　이때의 모임이 첫 번째 법회[第一會제일회]로, 96억 인이 아라한이 되나니, 이들 모두는 나의 제자였던 사람들이다. 그들이 아라한을 쉽게 이루는 것은 나의 가르침을 받은 때문이요, 음식·의복·와구·탕약의 네 가지를 공양을 한 인연과, 남에게 은혜를 베풀고 사랑하고 사람들을 이롭게 한 수행이 있었기 때문이니라.

아난아, 그때 미륵불은 가섭으로부터 가사를 받아서 입게 되고, 가섭의 몸은 별들처럼 흩어지느니라.

미륵불은 온갖 꽃과 향으로 가섭에게 공양하나니, 무슨 까닭인가? 모든 부처님들께는 정법을 지극히 공경하는 마음이 있기 때문이요, 미륵불 또한 나의 정법으로 교화를 받아서 무상정진지도^{無上正眞之道}(위없이 바르고 참된 도)를 얻었기 때문이니라.

아난아, 마땅히 알아라.

미륵불의 두 번째 법회^{第二會}(제이회)에서는 94억의 대중이 아라한이 되나니, 이들 또한 내 가르침

을 받은 제자들로, 네 가지 공양(음식·의복·
와구·탕약)을 잘
닦은 이들이니라.

또 미륵불의 세 번째 법회(제 삼 회
[第三會])에서는 92억
대중이 아라한도를 얻게 되나니, 이들 역시 나
의 교화를 받은 제자들이니라.

미륵불의 세상에 나는 인연

미륵불의 세상에서는 비구들을 자씨제자(慈 氏 弟 子)라
고 하나니, 마치 오늘날의 성문들을 석가제자(釋 家 弟 子)
라고 하는 것과 같으니라. 그때 미륵불이 제자
들에게 이렇게 설법하노라.

'너희 비구들은 마땅히 ① 세상이 무상(無 常)하다
는 생각 ② 즐거움 속에 괴로움(고[苦])이 있다는 생
각 ③ 나가 무아(無 我)임을 헤아려 보는 생각 ④ 모든
것이 실로 공(空)하다는 생각을 하여야 한다.

그리고 죽을 때가 되면 ⑤ 몸은 빛깔이 변하

고 ⑥퍼렇게 멍이 들고 ⑦배가 부풀어 오르고
⑧음식을 삭일 수가 없고 ⑨피고름이 흐르고
⑩이 세간에서는 즐거운 것을 가히 얻지 못한
다는 것을 사유해야 하느니라.

그 까닭이 무엇인가?

비구들이여, 마땅히 알아라. 이 열 가지 생각
은 과거세의 석가모니불께서 너희에게 설하시
어, 모든 번뇌를 여의고 해탈을 얻게 하였기 때
문이다.

여기 있는 모든 대중들은 모두 석가모니불
의 제자로

①어떤 이는 과거세로부터 깨끗한 행을 닦아
　여기에 이르렀으며

②어떤 이는 석가모니불이 계시던 곳에서 삼
　보에 공양한 공덕으로 여기에 이르렀으며

③어떤 이는 석가모니불이 계시던 곳에서 손
　가락 한 번 튕길 짧은 순간에 닦은 선한 일

로 인하여 이 자리에 이르렀노라.

④어떤 이는 석가모니불이 계시던 곳에서 사
등심^四(자·비·희·사의
네 가지 마음)을 닦은 인연으로 이곳에 이르
렀으며

⑤어떤 이는 석가모니불이 계시던 곳에서 오계
를 받아 지니고 삼보에 귀의하여 이곳에 이
르렀으며

⑥어떤 이는 석가모니불이 계시던 곳에서 절
을 세운 인연으로 이곳에 이르렀으며

⑦어떤 이는 석가모니불이 계시던 곳에서 절
을 보수한 인연으로 이곳에 이르렀노라.

⑧어떤 이는 석가모니불이 계시던 곳에서 팔
관재법을 받아 이곳에 이르렀으며

⑨어떤 이는 석가모니불이 계시던 곳에서 향과
꽃을 공양한 공덕으로 이곳에 이르렀노라.

⑩어떤 이는 눈물을 흘리며 법문을 들어 이곳
에 이르렀으며

⑪어떤 이는 온 마음을 다해 법문을 들어 이 곳에 이르렀으며

⑫어떤 이는 목숨이 다하도록 청정행을 잘 닦 아서 이곳에 이르렀으며

⑬어떤 이는 경전을 읽고 쓰고 외운 인연으로 이곳에 이르렀으며

⑭어떤 이는 부처님을 섬기고 공양을 하여 이 곳에 이르렀노라.'

게송으로 법을 설하다

그때 미륵불은 게송으로 설하느니라.

계 지키고	법문 들어	덕을 기르고	증익계문덕 增益戒聞德
선정 닦고	사유하는	그 업과 함께	선급사유업 禪及思惟業
청정하고	거룩한 행	능히 닦아서	선수어범행 善修於梵行
내가 있는	이 자리에	이르렀노라	이래지아소 而來至我所

보시하고	환희로운	마음 일으켜	권시발환심 勸施發歡心
내마음의	깊은 근원	닦아 익히되	수행심원본 修行心原本
조그마한	망상조차	일어남 없어	의무약간상 意無若干想
내가 있는	이 자리에	모두 왔노라	개래지아소 皆來至我所

평등하기	그지없는	마음 발하여	혹발평등심 或發平等心
제불들의	뒤를 이어	불사를 하고	승사어제불 承事於諸佛
성스러운	대중들을	공양했기에	반이어성중 飯飴於聖衆
내가 있는	이 자리에	모두 왔노라	개래지아소 皆來至我所

계율 염송	경전 읽기	항상 행하고	혹송계결경 或誦戒契經
남들에게	정성 다해	설명해 주어	선습여인설 善習與人說
법의 근본	무엇인지	밝혀왔기에	치연어법본 熾然於法本
내가 있는	이 자리에	지금 왔노라	금래지아소 今來至我所

부처님 될	모든 이를	잘 교화하고	석종선능화 釋種善能化
부처님의	사리에다	공양 올리며	공양제사리 供養諸舍利

법공양에　몸과 마음　바치었기에　承事法供養 (승사법공양)
내가 있는　이 자리에　지금 왔노라　今來至我所 (금래지아소)

경전들을　직접 쓰고　인쇄를 하여　若有書寫經 (약유서사경)
이 세상에　널리 펴서　보시를 하고　班宣於素上 (반선어소상)
공양을 한　공덕들이　있기 때문에　其有供養經 (기유공양경)
내가 있는　이 자리에　모두 왔노라　皆來至我所 (개래지아소)

비단 등의　여러 가지　좋은 물건들　繒綵及諸物 (증채급제물)
탑과 절에　두루두루　공양을 하고　供養於神寺 (공양어신사)
스스로가　부지런히　염불했기에　自稱南無佛 (자칭남무불)
내가 있는　이 자리에　모두 왔노라　皆來至我所 (개래지아소)

지금 현재　이곳에서　공양 베풀고　供養於現在 (공양어현재)
과거세의　부처님께　공양한 이는　諸佛過去者 (제불과거자)
선정 닦아　평등함을　이루었기에　禪定正平等 (선정정평등)
더하거나　덜한 마음　조금도 없네　亦無有增減 (역무유증감)

그러므로	불법 속에	깊이 들어와	시 고 어 불 법 是故於佛法
성스러운	대중들을	능히 받들고	승 사 어 성 중 承事於聖衆
한결같은	마음으로	삼보 섬기면	전 심 사 삼 보 專心事三寶
틀림없이	무위처에 無爲處	이르느니라	필 지 무 위 처 必至無爲處

아난아, 마땅히 알아라. 미륵불이 이렇게 게송으로 설법을 하고 나면 대중 속의 천인과 인간들은 무상^{無常} 등의 열 가지에 대해 사유하여, 한량없는 이들이 티끌 번뇌들을 털어버리고 청정한 진리의 눈을 얻게 되느니라.

미륵불 세상의 계율

미륵불의 세상에서는 천 년 동안 수행자들이 부정한 행위를 하지 않기 때문에, 이 하나의 게송만을 금계^{禁戒}로 삼느니라.

입으로나	생각으로	악 짓지않고	구 의 불 행 악 口意不行惡
몸으로도	나쁜 짓을	행함 없어서	신 역 무 소 범 身亦無所犯
몸과 말과	생각으로	악을 떠나면	당 제 차 삼 행 當除此三行
나고 죽는	생사 관문	속히 벗으리	속 탈 생 사 관 速脫生死關

그러나 천년의 세월이 흐른 후에는 계율을 범하는 이가 생겨나게 되며, 그에 따라서 계율들을 제정하게 되노라.

미륵불의 수명은 8만 4천 세요, 열반에 든 다음에 불법이 세상에 머물러 있는 기간은 8만 4천 년이니, 그 까닭이 무엇인가? 그때의 중생들이 아주 뛰어난 자질을 가지고 있기 때문이니라.

저 세상 중생들의 복덕

그때 선남자선여인들은 미륵불과 세 차례의

법회에서 깨달음을 얻은 성문들을 찾아뵙고자 하며, 도읍인 계두성과 양거왕과 진기한 보배가 가득한 네 가지 곳간을 보고자 하노라.

또 그들이 음식을 먹고자 하면 저절로 쌀이 생기고, 옷을 입고자 하면 저절로 옷이 생기며, 목숨을 마치면 곧바로 천상에 태어나노라.

그리고 저들 선남자선여인은 게으름 없이 부지런히 정진하고, 법사들의 가르침을 잘 받들면서 꽃·향 등의 갖가지 공양물을 끊이지 않게 하노라.

이와 같도다, 아난아. 마땅히 이를 잘 배울지어다."

그때 아난과 대회에 모인 대중들 모두는 부처님의 말씀을 듣고 크게 기뻐하면서 잘 받들어 행하였다.

〈불설미륵하생경 끝〉

佛 說 彌 勒 大 成 佛 經
불설미륵대성불경

※이 불설미륵대성불경은 역경승譯經僧 구마라습鳩摩羅什이 408년
에 한문으로 번역한 것을 저본으로 삼아, 불기 2568년에 불교
신행연구원 김현준 원장이 한글로 번역하였습니다.

불설미륵대성불경 차례

※ 이 소제목들은 편의상 붙인 것으로, 원래의 경전에는 있지 않습니다.
따라서 독송을 할 때에는 읽지 않습니다.

법회를 열다

이와 같이 나는 들었다.

어느 때 부처님께서는 과거의 부처님들이 마구니들을 항복시켰던 마가다국(摩揭陁國)의 바사산(波沙山)에서 여름 안거(安居)를 하고 계시다가, 사리불(舍利弗)과 함께 산마루에 올라 게송으로 이르셨다.

일심으로	집중하여	들을지어다	일심선제청 一心善諦聽
너무나도	큰 광명과	크나큰 삼매	광명대삼매 光明大三昧
가이없는	공덕들을	다 갖춘 이가	무비공덕인 無比功德人
이 세상에	틀림없이	나타나노라	정이당출세 正爾當出世

그가 묘한	법문들을	설할 때에는	피인설묘법 彼人說妙法
모두가 다	만족함을	얻을뿐더러	실개득충족 悉皆得充足
목마른 이	감로수를	마실 때처럼	여갈음감로 如渴飲甘露
아주 빨리	해탈도에	이르느니라	질지해탈도 疾至解脫道

그때 사부대중(四部大衆)은 길을 고르고 물을 뿌리고 향을 피운 다음, 가지고 온 여러 가지 공양구를 부처님과 비구승들에게 바쳤다.

그들은 마치 효자가 어진 아버지를 쳐다보듯이 부처님을 공경하는 마음으로 우러러뵈었고, 목마른 사람이 물을 생각하듯이 법의 아버지인 부처님을 한마음으로 생각하였으며, 부처님께 정법을 청하고자 모든 감정들을 가라앉히고 온 마음을 집중하여 부처님을 우러러보았다.

그리고 비구·비구니·우바새·우바이와 천·용·귀신·아수라·건달바·가루라·긴나라·마후라가·인비인 등은 자리에서 일어나 부처님 주위를 오른쪽으로 돌고 오체투지(五體投地)의 절을 한 다음, 부처님을 바라보면서 눈물을 흘렸다.

법문을 청하다

그때 지혜 제일인 사리불이 옷을 단정히 하고 공손하게 오른쪽 어깨를 드러내었다.

이 사리불은 법왕이신 부처님의 마음을 잘 알고 잘 따르면서, 부처님께서 굴리시는 정법륜正法輪(정법의 수레바퀴)을 잘 배운 이로써, 부처님을 제대로 보필하는 대신이요 법을 능히 지키는 대장과 같은 이였다.

중생들을 불쌍히 여긴 사리불은 그들을 괴로움에서 벗어나게 하기 위해 부처님께 아뢰었다.

"부처님이시여, 부처님께서는 조금 전 산마루에서, 가장 지혜로운 이를 찬탄하는 노래를 하셨나이다. 이러한 노래는 어떠한 경을 설할 때에도 일찍이 들려주신 바가 없었습니다.

이곳의 대중들은 부처님께서, 미래의 부처님이 감로甘露의 도道를 열어주는 일에 대해 설하여 주시기를 눈물을 흘리며 목마르게 원하고 있습니다.

'미륵(彌勒)'이라는 부처님의 이름과 공덕과 신통력과 그 세계의 장엄은 얼마나 미묘하옵니까? 또 미륵불을 뵈려면 어떠한 선근(善根)을 심고, 어떠한 지계와 보시와 선정과 지혜와 지혜력(智慧力)이 있어야 하며, 어떠한 마음으로 팔정로(八正路)(八正道 팔정도)를 닦아야 하나이까?"

사리불이 이렇게 아뢰자 백천의 천인들과 수많은 범왕들도 공손하게 합장하면서 이구동성으로 부처님께 청하였다.

"부처님이시여, 원컨대 저희로 하여금 이다음 세상에서, 가장 위대한 과보를 받아 삼계(三界)의 눈이 되고 광명이 되실 미륵불을 뵙게 해주시옵고, 미륵불께서 중생들을 위해 설하시는 대자비 법문을 들을 수 있게 하여주옵소서."

또 팔부신중(八部神衆)들도 공손하게 합장하고 부처님께 청하였다.

그때 범천왕(梵天王)이 범천의 무리와 함께 합장하고 한결같은 음성으로 찬탄의 노래를 불렀다.

둥근달과	같은 님께	귀의합니다	南無滿月 (남무만월)
부처님은	열가지힘	모두갖추신	具足十力 (구족십력)
가이없는	대정진의	대장이시여	大精進將 (대정진장)
두려움이	전혀없는	용맹갖추고	勇猛無畏 (용맹무외)
모든것을	다아시는	지혜를얻어	一切智人 (일체지인)
욕계 색계(欲界色界)	무색계(無色界)를	뛰어넘었고	超出三有 (초출삼유)
과거현재	미래모두	아는 지혜로	成三達智 (성삼달지)
사마(四魔) 모두	항복받은	님이오시니	降伏四魔 (항복사마)
그 육신은	법을담는	그릇이되고	身爲法器 (신위법기)
그 마음은	허공처럼	텅비었으며	心如虛空 (심여허공)
고요하고	움직임이	없으십니다	靜然不動 (정연불동)
모든것이	있다 하나	있음아니요	於有非有 (어유비유)

모든 것이	없다 하나	없음이아닌	<ruby>於無非無<rt>어무비무</rt></ruby>
공_空한 법을	남김없이	통달했기에	<ruby>達解空法<rt>달해공법</rt></ruby>
온 세상의	사람들이	찬탄합니다	<ruby>世所讚歎<rt>세소찬탄</rt></ruby>
저희들은	한마음을	모두 기울여	<ruby>我等同心<rt>아등동심</rt></ruby>
성심으로	부처님께	귀의하면서	<ruby>一時歸依<rt>일시귀의</rt></ruby>
바른 법륜	굴리시기	원하옵니다	<ruby>願轉法輪<rt>원전법륜</rt></ruby>

미륵불의 거룩함

그때 부처님께서 사리불에게 이르셨다.

"내 이제 너희를 위해 두루 설명하리니, 잘 듣고 깊이 생각할지어다.

너희가 갸륵한 마음으로 부처님의 무상도법(無上道法)인 마하반야(摩訶般若)에 대해 듣고자 하는 것을, 여래는 손바닥에 놓인 망고열매를 보듯이 환히 알고 있노라."

부처님께서 사리불에게 이르셨다.

"과거칠불(過去七佛 석가모니불이 탄생하기 이전의 지난 세상에 출현한 일곱 부처님)이 계시던 곳에서 그 부처님의 이름을 듣고 예배 공양한 인연으로 업장을 깨끗이 한 사람은 미륵불 대자비(大慈)의 근본인 청정심(淸淨心)을 얻게 되느니라.

너희는 지금 일심으로 합장하고 미래세의 대자비한 이에게 귀의하여라. 내 너희를 위하여 잘 분별하여 설하리라.

미륵불의 세계는 깨끗하기 그지없어서 거짓(僞)과 아첨(諂)이 없으며, 보시바라밀(布施波羅蜜)과 지계바라밀(持戒波羅蜜)과 반야바라밀(般若波羅蜜)을 닦지만 얽매이거나 집착하지 아니하며, 미묘한 열 가지 큰 원(微妙十願)으로 장엄된 국토이니라. 따라서 그 나라의 중생은 유연심(柔軟心 부드러운 마음)으로 살아가노라.

또 미륵불이 대자비로 거두어들이기 때문에, 그 나라에 태어나는 중생은 감각기관들을 제

어하고 다스려서 부처님의 교화를 잘 따르게
되느니라.

미륵불국토의 모습

사리불아, 그때가 되면 사해(四海)의 수면은 3천
유순으로 줄어들고, 염부제(閻浮提) 땅의 폭과 길이는
1만 유순이 되며, 유리 거울처럼 평평하고 깨
끗해지느니라.

또 대적의화(大適意華)·열가의화(悅可意華)·우담발화(優曇鉢華)·대금엽
화(大金葉華)·칠보엽화(七寶葉華)·백은엽화(白銀葉華) 등이 피어 있는데, 꽃
술은 하늘의 비단처럼 곱고 연하며, 상서로운
기운을 띤 열매는 온갖 향기와 진기한 맛을
지녔을 뿐 아니라 하늘의 솜처럼 부드럽노라.

숲속의 나무에는 꽃들이 활짝 피어 있고, 맛
있는 열매 또한 가지마다 아름답게 달려 있어
서, 도솔천궁(兜率天宮) 환희원(歡喜園)보다도 더 훌륭하다. 그곳

은 30리 밖에서도 잘 볼 수 있으며, 도시의 좋은 집들은 마치 날아다니는 닭의 모습처럼 이어져 있다.

이 모두는 부처님이 될 대신근(大信根)을 가진 이가 자비를 행한 과보로 그 나라에 태어나기 때문이니라.

이 공덕으로 말미암아, 함께 저 나라에 태어나는 이는 지혜와 거룩한 덕과 오욕(五欲)을 두루 누리면서 즐겁고 편안하게 살며, 추위와 더위와 바람과 화재와 질병의 피해가 없고, 구뇌고(九惱苦)(아홉 가지 괴로움)가 없으며, 8만 4천 세의 수명을 누릴 뿐 요절하는 일이 없느니라.

사람들의 키는 열여섯 길이나 되며, 하루하루가 언제나 지극히 안락하며, 깊은 선정에 머무는 것을 즐거움의 그릇으로 삼느니라.

오직 세 가지 면하지 못하는 것이 있으니, 첫째는 음식을 먹어야 하고, 둘째는 대소변을 보아야 하고, 셋째는 늙고 죽는 일이다.

또 그곳의 여인들은 5백 세가 될 때 결혼을
하노라.

시두말성의 장엄함

그 나라에 하나의 큰 성이 있으니, 시두말성 翅頭末城
이다. 성의 둘레는 사방이 1천2백 유순이요 높
이는 7유순인데, 칠보로 꾸며져 있느니라. 七寶

또 저절로 생겨난 칠보 누각은 단정하고 장
엄하고 오묘하고 화려하고 깨끗하기 그지없느
니라. 그 누각의 창문에는 줄지어 선 아름다운
여인들이 진주 그물을 손에 쥐고 있는데, 그물
에는 여러 가지 보배로 만든 노리개와 보배 방
울이 가득히 달려 있어서, 천상의 음악과 같은
아름다운 소리가 언제나 울려 퍼지노라.

그리고 칠보로 된 가로수들 사이에는 칠보

개울과 샘물이 있고, 빛깔이 서로 다른 물들이 찬란한 빛을 내면서 흘러가는데, 서로 엇갈리고 빗겨서 지나가지만 조금도 막히거나 방해됨이 없이 천천히 흘러가노라.

또 개울의 양쪽 옆에는 금모래가 깔려 있고, 폭이 12리가 되는 길은 한없이 청정하고, 하늘의 동산과 같이 꾸며져 있노라.

그곳에는 복덕과 위신력을 함께 갖춘 다라(多羅)시기(尸棄)라는 용왕(龍王)이 있으며, 연못 근처에 있는 그의 궁전은 칠보 누각처럼 밖에서 볼 수가 있다. 밤이 되면 사람으로 변화한 용왕이 큰 병에 상서로운 힘을 지닌 향수를 담아다가 땅 위에 뿌리나니, 그로 인해 땅들은 기름으로 칠한 것처럼 윤택하며, 행인이 왕래하여도 먼지가 일어나지 않느니라.

이때의 사람들 복덕은 극치에 이른다.

길거리 어디든지 사람들이 있는 곳이면 해처럼 빛을 내는 밝은 구슬기둥이 있어서 사방 80유순의 거리를 환하게 비추어 주노라.

순수한 황금색인 찬란한 그 빛이 밤낮 없이 비치기 때문에 등불의 빛들은 먹빛처럼 어둡게 보일 뿐이다.

그리고 바람이 때때로 불어서 밝은 구슬기둥을 스치면 보배구슬이 비 오듯이 쏟아지는데, 사람들이 이 구슬로 치장을 하면서 삼선천(三禪天)의 즐거움을 누리느니라.

곳곳마다 금·은 등과 진귀한 보배인 마니주가 산처럼 쌓여 있고, 보배산에서 흘러나오는 광명이 성안을 골고루 비추나니, 그 광명을 접한 사람들은 모두가 환희하고 보리심(菩提心)을 일으키노라.

또 발타바라사새가(跋陀婆羅賖塞迦)라는 대야차신(大夜叉神)이 밤낮으로 시두말성과 그 도시에 사는 이들을 보호하고, 온 땅에 물을 뿌려 깨끗이 청소하느니라.

 그 나라에서는 대소변을 볼 때 땅이 저절로 갈라지고, 마치고 나면 땅이 닫히며, 붉은 연꽃이 피어나와 더러운 냄새를 덮어버리노라. 또 늙어 죽을 때가 되면 스스로 산속으로 들어가서, 나무 밑에 앉아 안락하고 깨끗한 마음으로 염불을 하다가 생을 마치나니, 다음 생에는 대개 대범천이나 부처님 세계에 태어나노라.

 그 나라는 평안하고 안온하여 원수나 도둑의 근심이 없으므로 도시 시골 할 것 없이 문을 닫아걸지를 않노라. 또 늙는 데 대한 걱정과 물·불로 인한 재앙이 없으며, 전쟁과 굶주림과 독으로 해침을 당하는 재난이 없느니라.
 사람들은 언제나 자애로운 마음으로, 서로

공경하고 화합하고 순응함이 자식이 어버이를 공경하듯이 하고 어머니가 아들을 사랑하듯이 하며 말을 공손하게 하나니, 이는 다 미륵불이 자비로운 마음으로 깨우치고 이끌어 주기 때문이니라.

사람들은 불살생의 계를 지키고 고기를 먹지 않은 인연으로 그 나라에 태어나기 때문에 감각기관이 평온하고 고요하며, 생긴 모습이 단정하고 위엄이 갖추어져 있어, 하늘의 동자가 내려온 것과 같으니라.

이 밖에도 여러 가지 보배로 꾸며진 작은 성들이 많이 있는데, 시두말성은 그 작은 성들의 한복판에 있다.

또 남녀의 친족은 멀리 떨어져 있어도 가까이 있는 것처럼 서로 볼 수가 있으니, 이는 미륵불의 위신력으로 인해 모든 장애가 없어진 때문이니라.

밤에 빛나는 야광 마니주와 여의주 꽃이 온 세계에 활짝 피어 있고, 칠보화·발두마화(紅蓮華 홍련화)· 우발라화(靑蓮華 청련화)·구물두화(황련화 또는 백수련)·분다리화(白蓮花 백련화)· 만다라화(매우 향기롭고 아 름다운 천계의 꽃.)·마하만다라화·만수사화 (부드러운 천계의 꽃)·마하만수사화 등의 꽃비가 내려 땅을 덮고 있는데, 때때로 바람이 불면 그 꽃들이 공중을 날아다니노라.

그 나라의 도시와 시골의 동산과 연못·샘· 개울·늪 등지에는 여덟 가지 공덕을 갖춘 팔(八) 공덕수(功德水)가 가득하며, 명명새(命命)(꿩)와 거위·오리·원 앙·공작·앵무·물총새·사리새(舍利)와 아름다운 소 리를 내는 비둘기·수리·나기바사·쾌견조(快見鳥) 등 의 새들이 묘한 소리로 노래를 하고, 다른 수 많은 새들도 숲과 못에서 노래를 하면서 떼를 지어 노니느니라.

또 금색무구정광명화^金色無垢淨光明華·무우정혜일광명화^無憂淨慧日光明華·선^鮮
백칠일향화^白七日香華·첨복육색향화^瞻蔔六色香華 등, 땅과 물에서 나
는 백천만 꽃들이 피어 있으되, 푸른색 꽃에서
는 푸른빛이 나고, 노란색 꽃에서는 노란빛이,
흰색 꽃에서는 흰빛이 나는데, 그 향기가 비길
데 없고 밤낮으로 항상 피어 조금도 시들지
않노라.

또 지극히 좋은 여의과수^如意果樹의 향기는 온 나라
에 퍼지고, 보배산 사이의 금빛 향나무에서 나
오는 여의향^如意香(뜻과 같이 이루는 향기)으로 온 나라를 가득 채우
느니라.

그때의 염부제는 향기로운 산에 사는 것처
럼 좋은 향기가 진동하고, 시냇물이 아름답고
기묘하고 단맛이 나서 모든 병을 다 가시게
하느니라.

그리고 때를 맞추어 비가 내려 모든 농사가

하늘 동산처럼 잘되나니, 한 번 향기로운 벼를 심으면 일곱 번을 거두게 되고, 힘을 덜 들여도 수확이 많으며, 곡물만 무성하게 자랄 뿐 잡초는 생기지가 않노라.

중생들이 본래 지은 복덕과 과보 덕분에 입으로 들어간 곡식들은 저절로 소화가 되고, 향기롭고 감미로운 백 가지 맛을 느끼게 될 뿐 아니라 기력이 충만해지느니라.

전륜성왕 양거의 칠보

그때 그 나라를 다스리는 이는 전륜성왕(轉輪聖王) 양거(穰佉, 상카)이다. 그는 네 종류의 군사를 거느리고 있지만, 무력을 사용하지 않고 사천하(四天下)를 다스리노라. 또 32상(相)을 지녔고, 혼자서 천 명을 이기는 용맹하고 단정한 아들 1천 명이 있어서, 모든 원수와 적들이 스스로 무릎을 꿇느니라.

이 양거왕에게는 칠보(七寶)(일곱 가지
진기한 보배)가 있다.

첫째는 금륜보(金輪寶)이니, 천 개의 바큇살과 바퀴 통과 바퀴테를 갖추고 있다.

둘째는 백상보(白象寶)(흰 코
끼리)이니, 설산처럼 흰 몸에, 네 다리와 코와 어금니를 땅에 뻗치고 서 있으면 그 엄숙한 모습이 큰 산과 같다.

셋째는 감마보(紺馬寶)(갈색 말)이니, 갈기와 꼬리는 붉고, 발굽 아래에서는 꽃이 피어나며, 발굽과 발톱은 칠보로 되어 있다.

넷째는 신주보(神珠寶)(여의주)이니, 언제나 환히 보이는 밝은 광채의 구슬로 크기가 두 팔뚝 길이만 한데, 그 광채로부터 온갖 보배의 비를 내려서 중생들의 소원을 잘 들어준다.

다섯째는 옥녀보(玉女寶)(여인)이니, 옥녀는 그 얼굴이 비할 데 없이 아름답게 생겼으며, 살결이 한없이 부드러워 뼈가 없는 듯하다.

여섯째는 주장신(主藏臣)(대신)이니, 입으로 보배를 토해

내며, 발아래에서 보배가 비처럼 나오고 양손으로도 보배를 쏟아 놓는다.

일곱째는 주병신(主兵臣)(장군)이니, 이 장군이 몸을 움직일 때마다 네 종류의 군사가 구름처럼 허공에서 쏟아져 나온다.

천 명의 아들과 칠보와 나라 안의 백성들 모두는 서로를 바라보되 나쁜 마음을 품지 않나니, 마치 어머니가 아들을 사랑하듯이 보살피노라.

그때 양거왕의 1천 명 왕자들은 각각 진기한 보배로써 궁전 앞에 칠보대(七寶臺)를 세우나니, 30층에 이르는 그 대의 높이는 30유순이요, 천 개의 머리와 천 개의 바퀴가 달려 있어 어디든지 마음대로 다닐 수가 있느니라.

또 사대보장(四大寶藏)(네 개의 보배창고)이 있는데, 큰 곳간마다 각각 4억 개의 작은 보배 창고가 사방을 둘러싸고 있노라. 사대보장 중 이발다대보장(伊鉢多大寶藏)은 건다라국에 있고, 반축가대보장(般軸迦大寶藏)은 미제라국에 있고, 빈가라대보장(賓伽羅大寶藏)은 수라타국에 있으며, 양거대보장(穰佉大寶藏)은 바라나국의 신선이 살던 고선산(古仙山)에 있느니라. 이 사대보장의 길이와 폭은 각 천 유순으로 보배가 가득 차 있으며, 스스로 문이 열려서 큰 광명을 나타내노라.

큰 보장의 둘레에는 작은 보장들이 4억 개가 있고, 네 마리의 큰 용이 지키고 있으며, 큰 보장과 작은 보장들이 저절로 솟아올라 연꽃 모양을 띠게 되면 수많은 사람들이 함께 가서 보노라.

그런데 사람들은 지키는 사람 없이 가득 차 있는 보배를 보고서도 탐내는 마음을 일으키기지 않을뿐더러, 돌이나 흙더미를 보듯이 하면서 이렇게 말하느니라.

'부처님께서, 옛날 중생들은 이 보배 때문에 서로 해치고 서로 훔치고 속이고 거짓말을 하면서 생사고뇌의 인연을 짓고, 이를 거듭 행하여 업을 두텁게 만들었기 때문에 마침내 지옥에 떨어진다고 하신 것이구나.'

시두말성은 여러 가지 보석으로 꾸민 그물들이 그 위를 덮고 있는데, 그물마다 보배 방울들이 달려 있어서 부드러운 바람이 불 때마다 방울에서 '귀의불 귀의법 귀의승'이라는 아름답고 고운 소리가 울려 퍼지느니라.

미륵불의 탄생

그때 성안에 대바라문이 있으니 이름이 수범마요, 그의 아내 이름은 범마발제로 심성이 온화하고 부드러우니라.

미륵불은 그들을 부모로 삼아 태어나나니, 어머니의 태중에서도 도솔천의 궁전을 노니는 것과 같이 하고, 대광명을 발하여 더러운 것들로부터 어떠한 장애도 입지 않느니라.

미륵의 몸은 자금색(紫金色)이요 32상(相)을 갖추고 태어나나니, 중생들은 보배연꽃 위에 앉은 그의 모습을 한없이 바라보고자 하노라. 그러나 몸에서 황홀한 광명이 흘러나와서 마주 쳐다볼 수가 없으니, 이는 인간도 천인도 일찍이 본 적이 없는 놀라운 광경이다.

그 육신의 힘도 한량이 없어 마디마디의 힘이 용이나 코끼리보다 더 세며, 털구멍들에서 한량없는 광명이 나와서 걸림 없이 비추기 때문에, 해·달·별·불·보석들은 마치 티끌처럼 그 빛을 잃느니라.

또 키는 석가모니보다 커서(석가모니는 1장 6척) 32장(丈)에 이르고, 가슴둘레는 10장이요 얼굴 길이는 5장이며, 곧고 우뚝하게 솟은 코에, 단정한 몸매에는 온갖 상호를 갖추어져 있느니라.

그 낱낱의 상호^{相好}에는 8만 4천의 좋은 모습이 갖추어져 있어 온몸이 금불상과 같나니, 그 8만 4천의 좋은 모습마다 광명이 흘러나와서 천 유순 밖까지 비추며, 눈은 맑고 깨끗하여 푸른 동자와 흰자위가 분명하고 아름다우며, 광명은 항상 몸 주위 백 유순의 둘레를 덮노라.

해·달·별·진주·마니주·칠보로 된 가로수들은 모두 부처의 몸에서 나오는 빛을 받아서 빛을 발하기 때문에 감히 제빛을 드러내지 못한다.

이러한 미륵불의 몸은 마치 황금산과 같이 높이 드러나나니, 그 모습을 보는 이는 누구나 삼악도^{三惡道}를 벗어나게 되노라.

미륵불의 출가와 성도

그때 미륵은 세간의 중생들이 오욕으로 인한 죄악과 근심 때문에 나고 죽는 고해에 빠져서 고통을 받으며 헤매는 모습을 보고 매우 가련하고 불쌍히 여기면서, 스스로 고와 공과 무상과 무아의 이치를 관찰하노라. 그리하여 세속살이를 즐기지 않고, 집에 있는 것을 감옥에 갇혀 있는 것처럼 싫어하노라.

그때 양거왕이 대신들과 백성들을 이끌고 1천 개의 보배 장막과 1천 개의 보배 난간, 천억 개의 보배 방울과 천억 개의 보배 깃발, 1천 개의 보석 항아리로 된 칠보대를 가지고 가서 미륵에게 바치노라.

미륵은 칠보대를 받는 즉시 바라문들에게 주는데, 바라문들은 그 자리에서 칠보대를 해체하여 나누어 가지면서, 미륵의 위대한 보시에 대해 기이한 마음을 일으키노라.

미륵보살은 이 칠보대가 잠깐 사이에 덧없이 부서지는 것을 보고 세상의 유위법^{有爲法}들은 다 사라지고 없어지는 것임을 다시 한번 깨닫게 되고, 무상에 대해 깊이 생각하면서 과거의 부처님들께서 설한 감로의 무상게송^{無常偈頌}을 읊느니라.

이 세상의　모든 것은　무상하나니　諸行無常 (제행무상)

그게 바로　나고 죽는　생멸법일세　是生滅法 (시생멸법)

이와 같은　생멸법을　다하게 되면　生滅滅已 (생멸멸이)

고요하기　그지없는　적멸락 있네　寂滅爲樂 (적멸위락)

이 게송을 읊은 다음 곧 출가하여 금강장엄^{金剛莊嚴} 도량^{道場}인 용화보리수^{龍華菩提樹} 아래 앉아 도를 닦으면, 용화수 나뭇가지는 보배 용^龍이 보배 꽃을 토해 내듯이 갖가지 꽃을 드리우고, 꽃잎들은 칠보의 빛을 발하며, 색깔이 각기 다른 열매는 중생들의 뜻에 따라 열리나니, 그 기묘함은 천상과 인간계 어디에서도 찾을 수가 없다.

이 용화보리수의 높이는 50유순이요, 나뭇가지와 잎은 찬란한 빛을 발하노라.

이때 미륵은 8만 4천 바라문을 이끌고 용화도량에 와서 스스로 삭발하고 출가하여 도를 배우느니라.

이른 새벽에 집을 나온 그는 초저녁에 네 종류 마구니(四魔)〔사마〕를 항복시키고, 아뇩다라삼막삼보리(菩提)〔가장 높고 바른 깨달음〕(阿耨多羅三藐三)를 이룬 다음 게송을 설하느니라.

중생고를	생각한 지	오래됐으나	구념중생고 久念衆生苦
해탈하지	못했기에	안타까웠네	욕발무유탈 欲拔無由脫
내가 이제	깨달음을	얻고서 보니	금자증보리 今者證菩提
확연하여	걸리는 것	조금도 없다	곽연무소애 霍然無所礙

또한 중생	본래공함	통달해 보니	역달중생공 亦達衆生空

그 본성과	양상들이	모두 참되어	본 성 상 여 실 本性相如實
근심들과	괴로움이	전혀 없나니	영 갱 무 우 고 永更無憂苦
인연없는	중생까지	자비 펼친다	자 비 역 무 연 慈悲亦無緣

나는 원래	중생들을	구하기 위해	본 위 구 여 등 本爲救汝等
내 나라와	나의 눈과	머리는 물론	국 성 급 두 목 國城及頭目
처자식과	팔다리와	온갖 것들을	처 자 여 수 족 妻子與手足
수도없는	그들에게	보시했노라	시 인 무 유 수 施人無有數

그리하여	이제 능히	해탈을 얻고	금 시 득 해 탈 今始得解脫
가장 높은	대적멸을	이루었으니	무 상 대 적 멸 無上大寂滅
너희 위해	밝은 법을	두루 설하여	당 위 여 등 설 當爲汝等說
넓고 깊은	감로도를	열어주노라	광 개 감 로 도 廣開甘露道

이와 같은	큰 과보가	어디서 왔나	여 시 대 과 보 如是大果報
모두가 다	보시 지계	지혜를 닦는	개 종 시 계 혜 皆從施戒慧
육바라밀	수행에서	비롯되었고	육 종 대 인 생 六種大忍生

크고 깊은 대자비를 행하였기에 역종대자비
亦從大慈悲

물듦없는 큰 공덕을 성취했노라 무염공덕득
無染功德得

   게송을 설한 다음 묵묵히 앉아 있을 때, 천·용·귀신의 왕들이 모습을 드러내지 않고 꽃을 비처럼 내려 미륵불에게 공양을 하나니, 이때 삼천대천세계가 여섯 가지로 진동〔六種震動〕육종진동을 하느니라.

   그리고 미륵불은 몸에서 나온 광명으로 제도를 해야 할 한량없는 이들을 비추어서, 모두가 미륵불을 뵈올 수 있게 하느니라.

최초의 법문

   그때 석제환인釋提桓因(제석천)과 호세천왕護世天王(사천왕)·대범천왕大梵天王과 무수한 천자들이 화림원花林園으로 와서, 머리 숙여 미륵불의 발아래 절을 한 다음 합장을 하고 법을 설하여 주실 것을 간절히 청하면, 미륵불이 묵묵히 그 청을 받아들이고는 범천왕에게 말하노라.

"나는 생사의 긴 어두움 속에서 고뇌하고 헤매다가, 육바라밀(六波羅蜜)을 닦아서 오늘에야 법해(法海)(법의 바다)에 이르렀노라.

이제 너희를 위해 법의 깃발을 세우고 법의 북을 치고 법의 나팔을 불고 법의 비를 내려서 바른 법을 설하리라.

모든 부처님께서 설하신 팔성도(八聖道)(八正道 팔정도)는 천인이나 인간들이 굴리기가 어렵다. 팔정도는 누구에게나 평등하여 위없이 높은 무위열반(無爲涅槃)의 경지에 도달하게 하고, 어둠 속을 헤매던 중생들의 고뇌를 끊어주노라.

그러나 이 법은 심오하여 얻기도 어렵고 들어가기도 어렵고 믿기도 어렵고 알기도 어렵나니, 온 세상에서 능히 알 사람이 없고 볼 사람이 없다. 오직 마음의 때를 남김없이 닦아 없애야만 저 억만 가지의 거룩한 행을 얻을 수가 있느니라."

미륵불이 이렇게 설하는 동안 다른 세계에서 온 수많은 백천만 억의 천자와 천녀와 대범천왕들이 하늘 궁전을 타고 와서 하늘 꽃과 하늘 향을 부처님께 바치고, 부처님 주위를 백천 번 돌고 땅에 엎드려서 절을 한 다음에 합장을 하고 부처님께 설법을 청하노라. 이때 하늘의 갖가지 악기들이 저절로 울리면 범왕들이 한목소리로 노래하노라.

한량없고	셀수없는	긴 세월 동안	무량무수세 無量無數歲
부처님이	이 세상에	아니 계셔서	공과무유불 空過無有佛
무량 중생	삼악도에	떨어졌도다	중생타악도 衆生墮惡道

이 세간의	바른 눈이	아니 계시면	世間眼目滅 (세 간 안 목 멸)
삼악도가	날로 날로	성하여지고	三惡道增廣 (삼 악 도 증 광)
하늘나라	향하는 길	끊어지오며	諸天路永絕 (제 천 로 영 절)
부처님이	이 세상에	다시 오시면	今日佛興世 (금 일 불 흥 세)
지옥 아귀	축생계는	사라져가고	三惡道殄滅 (삼 악 도 진 멸)
천인들과	사람들이	늘어납니다	增長天人衆 (증 장 천 인 중)
원하오니	감로법문	활짝 열어서	願開甘露門 (원 개 감 로 문)
중생 마음	집착 없게	하여주시고	令衆心無著 (영 중 심 무 착)
하루속히	열반 얻게	하여주소서	疾疾得涅槃 (질 질 득 열 반)
하늘나라	다스리는	저희 범왕들	我等諸梵王 (아 등 제 범 왕)
미륵부처	출현하신	소식을 듣고	聞佛出世間 (문 불 출 세 한)
부처님을	뵈옵고자	찾아왔으니	今者得値佛 (금 자 득 치 불)
가장 크고	가장 높은	법왕(法王)이시여	無上大法王 (무 상 대 법 왕)
범천왕의	궁전들은	더욱 성하고	梵天宮殿盛 (범 천 궁 전 성)
부처님 몸	광명은 더	빛나옵니다	身光亦明顯 (신 광 역 명 현)
시방세계	한량없는	중생을 위해	普爲十方衆 (보 위 십 방 중)
대도사여	이 삼계에	더 머무시어	勸請大導師 (권 청 대 도 사)

감로법문 활짝 열어 들려주시고　唯願開甘露

가장 높은 최상법륜 굴리옵소서　轉無上法輪

이 노래를 마친 범왕들은 머리를 숙여 절을
한 다음, 합장을 하고 세 번을 간청하니라.

'원하옵건대 세존이시여, 깊고 미묘한 법륜
을 굴리시어, 중생들로 하여금 고뇌를 뿌리를
뽑고 삼독을 떠나게 하며, 사악도의 나쁜 업을
파하게 하옵소서.'

그때 미륵불은 미소를 지으면서 오색 광명
을 발하여 묵묵히 범왕들의 청을 받아들이노
라.

미륵불이 설법을 허락하자 모든 천인과 무
량 대중들은 크게 기뻐하면서 춤을 추나니, 지
극한 효자가 숨이 끊어진 부모가 다시 살아났
을 때와 같이 기뻐하느니라.

기쁨에 넘친 천인들은 계속 부처님 주위를

오른쪽으로 돌면서 공경하고 사모하다가, 각각 한쪽으로 물러나서 앉느니라.

대중의 사색과 양거왕의 출가

그때 대중은 이렇게 생각하노라.

'비록 천억 년을 오욕락(五欲樂)으로 가득 채울지라도, 마침내는 삼악도를 면하지 못하며, 삼악도의 고통은 부모·형제·처자·재산으로도 어떻게 할 수가 없다. 또 세상 모든 것은 무상하고, 목숨 또한 오래 보전할 수가 없다. 이제 우리는 부처님의 법에 의지하여 청정하게 수행해야 한다.'

그리고는 다시 생각하노라.

'비록 수없는 세월을 두고 오욕락을 즐기면서 무상천(無想天)과 같은 수명을 누리고, 아름다운 여인들과 놀면서 부드러운 살결과 고운 몸을 마음대로 즐길지라도 마침내는 죽어 없어진다. 그리고는 다시 삼악도에 떨어져서 한량없는 고통을 받을 것이 아닌가!

즐거움이 환상과 같이 사라지는 그때에는 할 수 있는 말이 없다.

지옥에 한 번 들어가면 큰 불길 속에 빠져 백천만겁의 한량없는 고통을 받지만 빠져나올 길이 없으니, 이와 같은 깜깜한 어둠의 고통을 어떻게 벗어나랴. 내 이제 부처님을 만났으니, 마땅히 부지런히 정진하리라.'

그때 양거왕이 찬탄을 하노라.

하늘나라	즐거움을	누리다가도	設復生天樂
그 복덕의	업력들이	다하게 되면	會亦歸磨滅
마침내는	지옥 등에	떨어지나니	不久墮地獄
비유하면	타오르던	불덩이 신세	猶如猛火聚

우리 모두   어서어서   출가를 하여   출가학불도 **我等宜時速**

부처님의   바른 법을   배워 익히세   아 등 의 시 속 **出家學佛道**

　노래를 마치자, 8만 4천 대신들이 양거왕을 둘러싼 다음, 사천왕의 안내를 받아 화림원 용화수 밑에 있는 미륵불을 찾아가노라.

　그때 전륜성왕 양거는 '세속을 떠나서 불법을 배우겠다'는 생각을 품고 미륵불께 절을 하는데, 머리를 들기도 전에 머리카락과 수염이 저절로 떨어지고 가사가 입혀져서 사문(沙 門)(출가 수행자)의 모습이 되느니라.

시두말성에서의 법문

　미륵불은 공손히 에워싸고 있는 양거왕과 8만 4천 대신과 여러 비구를 비롯하여 무수한 천·용 등의 팔부신중을 거느리고 그 나라의 서울인 시두말성을 들어가나니, 미륵불이 시두말성의 문턱을 넘어서면 사바세계가 여섯 가지로 크게 진동을 하면서, 염부제의 땅이 금빛으로 변하느니라.

이 시두말성의 중앙은 금강석으로 이루어져 있는데, 그곳에 과거의 부처님들이 앉으셨던 금강보좌(金剛寶座)가 나타나면, 보배나무들이 줄지어 솟아오르고 하늘에서 탐스러운 보배꽃이 쏟아지노라.

또 용왕들은 여러 가지 악기를 연주하고, 입으로 갖가지 보배꽃을 토해내며, 털구멍에서 꽃비를 뿜어 부처님께 공양을 올리느니라.

미륵불은 이 금강보좌에서 정법의 수레바퀴를 굴리나니, 이른바 '이것은 괴로움인 고성제(苦聖諦)요, 이것은 괴로움의 원인인 집성제(集聖諦)요, 이것은 괴로움을 멸한 멸성제(滅聖諦)요, 이것은 열반에 이르는 길인 도성제다'라는 법문을 설하고, 삼십칠 조도품을 설하느니라.

또한 십이인연을 설하나니, '무명을 연하여 행이 있고, 행을 연하여 식이 있고, 식을 연하여 명색이 있고, 명색을 연하여 육입이 있고, 육입을 연하여 촉이 있고, 촉을 연하여 수가 있고, 수를 연하여 애가 있고, 애를 연하여 취가 있고, 취를 연하여 유가 있고, 유를 연하여 생이 있고, 생을 연하여 늙음과 죽음과 근심·걱정·슬픔·괴로움 등이 있게 된다'고 설하느니라.

천신들의 찬탄

그때 땅이 여섯 가지로 크게 진동을 하여 삼천대천세계를 울리니, 그 한량없는 울림이 아래로는 아비지옥에까지 이르고, 위로는 아가니

타천(색구경천)까지 이르노라.

그때 사천왕들은 각각 수많은 귀신들을 이끌고 와서 소리 높여 찬탄을 하노라.

태양 같은	부처님이	출현하셔서	불 일 출 시 佛日出時
감로법의	비를 두루	내려주시니	강 법 우 로 降法雨露
이 세상을	올바르게	볼 수 있는 눈	세 간 안 목 世間眼目
이제서야	분명하게	열리는구나	금 자 시 개 今者始開
저 하늘과	땅 위에서	활동을 하는	보 령 대 지 普令大地
천과 용과	야차 등의	팔부신들은	일 체 팔 부 一切八部
하나같이	부처님과	인연 있으니	어 불 유 연 於佛有緣
부처님의	법을 듣고	알게 되리라	개 득 문 지 皆得聞知

또 삼십삼천(도리천)과 야마천과 도솔타천과 화락천과 타화자재천의 천왕들과 대범천왕은 각각 자기가 다스리는 국토에서 소리 높여 찬탄하노라.

태양같은	부처님이	출현하시어	불 일 출 세 佛日出世
감로법의	비를 두루	내려주시어	강 주 감 로 降注甘露
이세상을	올바르게	볼수있는 눈	세 간 안 목 世間眼目
이제서야	분명하게	열리는구나	금 자 시 개 今者始開
부처님과	인연있는	모든이들은	유 연 지 자 有緣之者
하나같이	모두 듣고	알게 되리라	개 실 문 지 皆悉聞知

그때 용왕 등의 팔부신중과 산신·목신·약초신·수신·풍신·화신·지신과 성을 지키고 집을 지키는 신들도 환희하여 춤을 추면서 큰 소리로 찬탄하노라.

대중들의 출가

그리고 총명하고 지혜로운 8만 4천 바라문들이 대왕을 따라 출가를 하여 불법에 귀의하고 도를 닦느니라.

또 수달(須達那)나라는 장자가 있으니, 그는 바로 지금의 수달장자(須達)(기원정사를 건립한 이)로, 8만 4천의 무리들과 함께 출가하느니라.

또 이사달다(梨師達多)와 부란나(富蘭那) 형제도 8만 4천의 무리들과 함께 출가를 하며, 임금이 지극히 사랑하는 대신 범단말리(梵檀末利)와 수만나(須曼那)도 8만 4천 무리와 함께 출가하여 도를 배우느니라.

전륜왕의 부인인 사미바제(舍彌婆帝)는 지금 비사거(毘舍佉)의 어머니인데, 그 또한 8만 4천의 시녀들을 거느리고 출가를 하며, 양거왕의 태자 천금색(天金色)은 지금의 제바바나(提婆婆那) 장자인데, 그 또한 8만 4천 무리를 데리고 출가를 하느니라.

또 미륵불의 친척이요 바라문의 아들인 수마제(須摩提)는 매우 총명하고 슬기로운 이로서 지금의 울다라선현(鬱多羅善賢) 비구니의 아들인데, 그도 8만 4천의 무리들과 함께 출가하여 불법에 귀의하느니라.

양거왕의 1천 왕자 중에서는 단 한 명만이 남아서 왕위를 계승하고, 999명의 왕자들 또한 8만 4천 명의 무리와 함께 출가를 하여 불법에 귀의하느니라.

이와 같이 수없이 많은 중생들이 불길처럼 일어나는 세속의 괴로움과 오음(五蘊오온)의 치성함을 관찰하고 출가를 하여 미륵불의 거룩한 법에 귀의하느니라.

미륵세계에 태어나는 인연

그때 미륵불이 큰 자비심으로 모든 대중에게 말하느니라.

'오늘 너희들이 내게로 온 것은 천상에 태어나서 누리는 즐거움이나 인간 세상의 즐거움을 원해서가 아니라, 오로지 생사의 괴로움을 벗어나서 열반을 얻고자 하기 때문이다.

너희 모두는 불법 가운데에서 갖가지 선근을 심은 공덕이 있는 이들이다. 일찍이 오탁악세^{五濁惡世}(죄악이 가득한 세상)에 출현하신 석가모니불께서 여러 가지 꾸짖음과 설법을 통하여 인연을 심어주지 않았다면, 어떻게 지금 나를 볼 수 있었겠느냐?

어떠한 공덕을 지은 이들이 나의 처소에 와서 교화를 받는가?

① 경전^{經典}과 율장^{律藏}과 논서^{論書}를 독송하고 분별하고 잘 익혀서 다른 이를 위해 설해주고 그 깊은 뜻을 찬탄하되, 질투심^{嫉妬心}을 내지 않고 잘 가르쳐서 지니게 한 공덕을 지어 나의 처소에 오게 되었느니라.

② 옷과 음식을 보시^{布施}하고 계행^{戒行}과 지혜^{智慧}를 닦는 공덕을 쌓아 나의 처소에 오게 되었느니라.

③ 음악과 깃발·일산·향·꽃·등불을 부처님께

공양한 공덕으로 나의 처소에 오게 되었느니라.

④절을 세우고, 스님들께 의복·음식·의약·침구 등의 네 가지를 공양하고, 팔재계(八齋戒)를 지키고, 자비심을 닦아 기른 공덕으로 나의 처소에 오게 되었느니라.

⑤중생이 괴로움을 당하는 것을 보고 깊은 자비심(慈悲心)을 일으켜서 괴로움을 대신 받고, 그 중생에게 즐거움을 돌려준 공덕으로 나의 처소에 오게 되었느니라.

⑥계(戒)를 지키고 인욕(忍辱)하면서 청정한 자비심(慈悲心)을 닦은 공덕으로 나의 처소에 오게 되었느니라.

⑦사방무애재강설회(四方無碍齋講設會)(누구든지 참여하여 음식을 먹고 법문을 들을 수 있는 법회)를 열고 음식을 공양한 인연으로 나의 처소에 오게 되었느니라.

⑧계행을 지키며 법문을 많이 듣고 선정을 닦

고 번뇌 없는 지혜를 익힌 인연으로 나의 처소에 오게 되었느니라.

⑨ 탑을 세워 사리를 공양하고, 부처님의 법신^{法身}을 생각한 공덕으로 나의 처소에 오게 되었느니라.

⑩ 재난과 가난과 고독 등의 괴로움을 받는 중생, 부모나 자식이 없어서 다른 이에게 얽매여 사는 중생, 국법으로 형벌을 받아 죽게 된 중생, 팔난^{八難}의 업을 지어 큰 괴로움을 받는 중생들을, 그 고통에서 해탈하게 해준 공덕으로 나의 처소에 오게 되었느니라.

⑪ 사랑하는 이와 이별하여 괴로워하는 중생이나, 무리를 지어 소송을 하여 큰 고통을 받고 근심걱정하는 이들을 좋은 방편으로 화합시킨 공덕으로 나의 처소에 오게 되었느니라.'

석가모니불에 대한 찬탄

미륵불은 이어서 석가모니불을 찬탄하노라. '훌륭하고 거룩하십니다. 오탁악세_{五濁惡世}에서 백천만억의 악한 중생들을 교화하고 그들로 하여금 선을 닦게 하시어, 지금 저의 처소에 올 수 있게 하셨나이다.'

이렇게 세 번을 거듭 석가모니불을 찬탄한 미륵불은 다시 게송으로 찬탄을 하노라.

능히 참고	용맹하신	대도사시여	忍辱勇猛大導師
나쁜 것이	넘쳐나는	그 세상에서	能於五濁不善世
악한 중생	교화하고	성숙시켜서	教化成熟惡衆生
이 자리에	올 수 있게	하셨나이다	令彼修行得見佛
중생들의	괴로움을	대신 받으며	荷負衆生受大苦
늘 즐거운	참된 자리	들게 하시어	今入常樂無爲處
그 가르침	받은 제자	여기 왔기에	教彼弟子來我所

제가 이제	사성제를	설하여 주고	아 금 위 여 설 사 체 我今爲汝說四諦
서른일곱	가지로 된	깨닫는 법과	역 설 삼 십 칠 보 제 亦說三十七菩提
열반 장엄	십이인연	법을 설하니	장 엄 열 반 십 이 연 莊嚴涅槃十二緣
그들 모두	無爲法 무위법을	능히 관하여	여 등 의 당 관 무 위 汝等宜當觀無爲
空寂 공적하온	열반지에	들어갑니다	입 어 공 적 본 무 처 入於空寂本無處

게송을 설한 다음, 미륵불은 괴로움이 가득 찬 악세에 살면서 어려운 일을 해낸 석가모니불을 또다시 찬탄하노라.

'탐욕과 성냄과 어리석음 때문에 미혹하고 단명해진 저 세상 사람들로 하여금, 계를 지키고 도를 닦아 공덕을 짓게 하셨으니, 이는 매우 어렵고 드문 일이니라.

그때의 중생들은 부모와 사문과 바라문을 알지 못하고 道나 法을 알지 못하여 칼과 병기로 서로를 해치는 때였도다. 오로지 오욕에 집착하여 질투하고 아첨하고 속일 뿐 아니라, 남을 불쌍히 여기는 마음이 조금도 없어서, 서로 죽여 고기를 먹고 피를 마시면서 즐거워하였노라.

스승과 웃어른을 공경할 줄 모르고, 좋은 벗을 사귀지 않고, 은혜를 갚을 줄도 모를 뿐 아니라, 오탁악세에 태어난 것을 부끄러워하지도 않고 조그마한 거리낌도 없이 밤낮으로 악한 짓만 계속하였다.

그리하여 오역죄(五逆罪)를 한없이 지어서 물고기의 비늘처럼 죄업이 연이어 붙어도 그만둘 줄을 몰랐고, 구족(九族)의 친척 관계에 있어도 서로를 구제할 줄 모르는 때였노라.

석가모니불께서는 대방편력과 깊은 자비심으로 괴로움이 들끓는 저 중생계로 들어가서, 화평한 얼굴과 자비스러운 모습과 뛰어난 지혜로 법문을 설하셨고, 장래에 내가 그들을 제도한다는 것을 미리 보여주셨노라.

이와 같은 부처님의 밝은 지혜는 참으로 보기 드문 일이요 심히 만나기 어려운 일이건만, 악세의 중생을 불쌍히 여긴 석가모니불께서는 그들을 괴로움에서 벗어나게 하고 마음을 편히 쉬게 하시어, 제일의제第一義諦(가장 뛰어나고 참된 도리)의 깊은 법성法性에 들어갈 수 있도록 하셨느니라.

석가모니불은 3아승지겁 동안 너희를 위해 난행難行과 고행苦行을 닦았노라. 머리를 보시하고 귀·코·손·발과 몸뚱이를 찢어 보시하는 등의 온갖 고통을 다 감수하셨으니, 이 모두가 너희로 하여금 거룩한 팔정도를 닦아 해탈을 얻게 하기 위함이었느니라.'

미륵불은 이러한 말들로 한량없는 중생들을 위로하고 함께 기쁨을 누릴 수 있도록 인도하노라.

저 미륵불 세상의 중생들은 몸이 순수한 법이요 마음이 순수한 법인지라, 입으로 항상 법을 설하는 복덕과 지혜를 갖춘 이가 가득하노라. 그리고 천인들도 공경하는 마음으로 목마른 이가 물을 구하듯이 부처님 법을 믿고 잘 받아 지니느니라.

미륵불 삼회 설법

　　그때 미륵불은 저들에게 옛날에 있었던 괴로운 일들을 들려주고자 하면서 생각하느니라.

　　'오욕(五欲)은 깨끗하지 못한 것으로 모든 괴로움의 근본이 된다. 이제 근심과 걱정과 원한을 없애려면 괴로움도 즐거움도 다 무상(無常)한 것임을 깨달아야 한다.'

　　이렇게 생각을 한 다음 색(色)·수(受)·상(想)·행(行)·식(識)과

고와 공과 무상과 무아를 설하나니, 이때 96
억 인이 번뇌를 떠나서, 어떤 법에도 구애됨이
없는 아라한이 되어, 삼명과 육신통을 얻고
팔해탈을 갖추게 되노라.

그리고 36만의 천자와 20만의 천녀가 아뇩
다라삼먁삼보리심을 발하고, 천·용 등의 팔부
신중 가운데 수다원의 경지에 이른 이와 벽지
불이 될 인연을 심은 이와 무상도심(위없는 깨달음
을 구하는 마음)을
발한 이의 수가 헤아릴 수 없이 많으니라.

그때 미륵불은 96억의 거룩한 비구와 양거
왕의 8만 4천 대신과 모든 권속들에게 달이
수많은 별들에게 둘러싸인 것과 같은 모습으
로 시두말성을 나와서 다시 화림원의 중각강
당으로 돌아오노라.

그때 염부제 여러 나라의 성과 마을에 있는
소왕과 장자들, 모든 신분의 사람들도 용화수

아래에 있는 화림원으로 모이느니라.

그 동산에서 미륵불이 다시 한번 사성제와 십이인연법을 설하면, 94억 인이 아라한의 도를 이루고, 다른 세계에서 온 천·용 등의 팔부신중 64억 인과 항하사처럼 많은 사람들이 아뇩다라삼먁삼보리심을 내어 불퇴전(不退轉)의 경지에 머무느니라.

또 세 번째의 법회에서도 92억 인이 아라한의 도를 얻고, 천·용 등의 팔부신중 34억 인이 아뇩다라삼먁삼보리심을 일으키느니라.

시두말성에서 보인 신통

그때 미륵불이 사성제의 깊고 묘한 법을 설하여 천인과 사람들을 제도하고, 여러 성문제자와 팔부신중과 모든 대중들을 이끌고 성안으로 들어가서 걸식을 하면, 정거천(淨居天)의 수많은 대중들도 미륵불을 따라서 시두말성으로 들어가느니라.

그때 미륵불은 열여덟 가지의 신통을 나타내나니, 몸 아래로 마니주처럼 보이는 물을 뿜어서 광명대로 변화시킨 다음 시방세계를 두루 비추며, 몸 위로 뿜은 불이 수미산처럼 높이 솟고 불에서는 자색 금빛의 광명이 나와 허공에 가득 차게 한 다음 다시 유리로 변하게 하며, 몸을 크게 나타내었다가 다시 작아져서 겨자씨 크기가 되었다가 다시 보이지 않게 하느니라.

또 부처의 모습을 시방세계에 나타내었다가 사라지게 하고, 모든 사람들을 다 부처님의 모습으로 보이게 하느니라.

이러한 여러 가지 신통을 한없이 나타내어 인연이 있는 사람들로 하여금 다 해탈을 얻게 하면, 석제환인과 32대신과 욕계의 모든 천왕과 천인들, 색계의 모든 천왕과 천인들이 하늘의 영락과 하늘의 옷을 벗어서 부처님의 머리 위에 뿌려서 공양을 하며, 그 하늘 옷들은 화개(꽃으로 된 일산)로 변하노라.

또 하늘나라의 온갖 악기들이 저절로 울려서 미륵불의 거룩한 덕을 노래로 찬양하며, 하늘 가득 꽃을 뿌리고 전단향 등의 향을 비처럼 내려 미륵불에게 공양하노라.

그리고 성안에서는 거리마다 수많은 깃발을 내걸고, 이름 있는 좋은 향들을 피우나니, 그 연기는 구름처럼 떠 있느니라.

천인들의 찬송

미륵불이 성안에 들어설 때 범천왕과 석제환인은 공손히 합장하고 노래로 찬탄하노라.

지혜 복덕　모두 갖춘　미륵부처님　　正遍知者兩足尊
　　　　　　　　　　　　　　　　　　　(정변지자양족존)

천상천하　그 누구와　견주오리까　　天人世間無與等
　　　　　　　　　　　　　　　　　　　(천인세간무여등)

十力
십력 갖춘　세존님은　매우 희유해　　十力世尊甚希有
　　　　　　　　　　　　　　　　　　　(십력세존심희유)

　　　　　　　　　　福田
가장 높고　으뜸가는　복전입니다　　無上最勝良福田
　　　　　　　　　　　　　　　　　　　(무상최승양복전)

미륵불께　공양하면　천상에 나고　　其供養者生天上
　　　　　　　　　　　　　　　　　　　(기공양자생천상)

　　　　　　　　　　涅槃
미래세에　해탈하여　열반 얻나니　　未來解脫住涅槃
　　　　　　　　　　　　　　　　　　　(미래해탈주열반)

대정진을　이룩하신　님께 전하고　　稽首無上大精進
　　　　　　　　　　　　　　　　　　　(계수무상대정진)

　　　　　大導師
자비로운　대도사께　절하옵니다　　稽首慈心大導師
　　　　　　　　　　　　　　　　　　　(계수자심대도사)

　　또 동방천왕인 제두뢰타(提頭賴吒)와 남방천왕인 비류(毗留)
륵차(勒叉)와 서방천왕인 비류박차(毗留博叉)와 북방천왕인
비사문왕(毗沙門王)은 그 권속들과 함께 공손히 합장하
고 청정한 마음으로 미륵불을 찬탄하노라.

욕계 색계　무색계에　견줄 이 없고　　三界無有比
　　　　　　　　　　　　　　　　　　　(삼계무유비)

자비로써　스스로를　장엄하시며　　大悲自莊嚴
　　　　　　　　　　　　　　　　　　　(대비자장엄)

제일의제 대진리를 체득하셨네 ^{체 해 제 일 의}體解第一義

중생들의 그릇된 점 보지를않고 ^{불 견 중 생 성}不見衆生性

모든것에 차별하는 마음 없기에 ^{급 여 제 법 상}及與諸法相

공적하온 본성 속에 함께 들어가 ^{동 입 공 적 성}同入空寂性

소유함이 없는 곳에 머물게 하네 ^{선 주 무 소 유}善住無所有

크나크신 대정진을 행하셨지만 ^{수 행 대 정 진}雖行大精進

하였다는 흔적조차 남음 없으니 ^{무 위 무 족 적}無爲無足迹

저희들이 한 마음을 모두기울여 ^{아 금 계 수 례}我今稽首禮

자비하신 미륵불께 귀의합니다 ^{자 심 대 도 사}慈心大導師

第一義諦

空寂

중생들은 부처님을 뵙지 못하여 ^{중 생 불 견 불}衆生不見佛

긴어둠의 생과 사를 받을뿐더러 ^{장 야 수 생 사}長夜受生死

지옥아귀 축생계에 떨어지거나 ^{추 타 삼 악 도}隆墮三惡道

어느때는 여인의 몸 받게 됩니다 ^{급 작 녀 인 신}及作女人身

오늘에야 부처님이 출현하시어 ^{금 일 불 흥 세}今日佛興世

괴로움을 뽑아내고 안락 주시니 ^{발 고 시 안 락}拔苦施安樂

안樂

지옥아귀 축생세계 나날이 줄고 ^{삼 악 도 이 소}三惡道已少

여인들은 아양 교태 부림이 없이 女人無諂曲
모두가 다 번뇌로움 쉬게 됩니다 皆當得止息

열반락을 남김없이 모두 갖추고 具足大涅槃
자비로써 구제하는 미륵불께서 大悲濟苦者
안락함을 베풀고자 출현하시니 施樂故出世
보살행을 닦고 행한 그 시절부터 本爲菩薩時
어느 때나 즐거움을 베풀어줄 뿐 常施一切樂
살생 등의 해치는 일 행하지 않고 不殺不惱他
대지 같은 마음으로 참으십니다 忍心如大地

저희들은 이제 모두 머리를 숙여 我今稽首禮
인욕 이룬 대도사께 절하옵니다 忍辱大導師
저희들은 이제 모두 머리를 숙여 我今稽首禮
자비하신 대장부께 절하옵니다 慈悲大丈夫
나고 죽는 괴로움을 벗어난 다음 自免生死苦
중생들의 모든 액난 없애주심이 能拔衆生厄

불 속에서　피어나는　연꽃같나니　<ruby>如火生蓮花<rt>여 화 생 연 화</rt></ruby>
누가 감히　미륵불과　겨주오리까　<ruby>世間無有比<rt>세 간 무 유 비</rt></ruby>

　이때 미륵불은 차례로 <ruby>걸식<rt>乞食</rt></ruby>을 한 다음, 여러 비구들을 이끌고 <ruby>본처<rt>本處</rt></ruby>로 돌아와서, 깊은 선정에 들어 7일 밤낮 동안을 움직이지 않느니라.
　미륵불의 제자들은 안색이 천인들과 같아서 매우 단정하고 생로병사를 싫어하며, 많이 듣고 널리 배우고 법을 잘 수호하고 깊은 선정을 닦아 욕망들을 떠나니, 마치 새가 알을 깨고 나오는 것과 같노라.

기사굴산 마하가섭을 찾아가다

　그때 석제환인과 욕계의 천인들이 함께 기뻐하고 춤추면서 노래로 찬탄을 하노라.

이 세간의 모든 이가 귀의하는 대도사는 　世間所歸大導師
세간소귀대도사

慧眼
혜안으로 시방세계 밝게 비춰 보시나니 　慧眼明淨見十方
혜안명정견십방

그 지혜의 힘과 공덕 모든 하늘 뛰어넘고 　智力功德勝諸天
지력공덕승제천

이름과 뜻 구족하여 중생의 복 되옵니다 　名義具足福衆生
명의구족복중생

원하오니 저희 모든 무리들을 위하시어 　願爲我等群萌類
원위아등군맹류

제자들을 거느리고 저 산으로 올라가서 　將諸弟子詣彼山
장제제자예피산

번뇌없는 석가모니 부처님께 공양하고 　供養無惱釋迦師
공양무뇌석가사

두타행이 제일이신 가섭존자 만나시어 　頭陀第一大弟子
두타제일대제자

저희에게 과거세의 부처님을 보여주고 　我等應得見過佛
아등응득견과불

그 가사와 함께 남긴 법을 듣게 하옵시어 　所著袈裟聞遺法
소저가사문유법

五濁惡劫
오탁악겁 동안 지은 악업들을 참회하고 　懺悔前身濁惡劫
참회전신탁악겁

맑고 바른 선근공덕 능히 얻게 하옵소서 　不善惡業得淸淨
불선악업득청정

그때 미륵불은 전생에 이 사바세계에서 살았던 거칠고 억세고 교화하기 어려웠던 중생들과 큰 제자들을 거느리고 기사굴산으로 가서, 산기슭에 이르러 조용한 걸음으로 천천히

낭적산의 산마루에 오르느니라.
^{狼跡山}

그리고 미륵불이 엄지발가락으로 산기슭을 누르면 대지가 열여덟 가지 모습으로 움직이고, 산마루에 올라서는 전륜성왕이 성문을 여는 것처럼 힘들이지 않고 두 손으로 기사굴산을 쪼개어서 열어 놓느니라.

그때 범천왕이 하늘의 향유를 마하가섭의 이마에 붓고 향수로 목욕을 시킨 다음에, 큰 종을 울리고 큰 나팔을 불면, 마하가섭이 곧 멸진정(마음의 움직임이 완전히 끊어진 선정)으로부터 깨어나서 옷맵시를 가다듬고는, 오른쪽 어깨를 드러내고 오른쪽 무릎을 땅에 대어 합장하고 석가모니불의 가사를 미륵불에게 올리며 말하느니라.

'큰 스승이신 석가모니 다타아가도(여래)·아라한(응공)·삼먁삼불타(정변지)께서 열반에 드실 때, 이 법의를 저에게 맡기시면서 미륵세존께 전하

라고 하셨습니다.'

그때 대중들이 말하느니라.

'오늘 이 산꼭대기에 사람의 머리를 갖추고 있지만, 벌레 같이 작고 누추한 사문의 옷을 입고 있는 이가 지금 부처님께 예배를 하고 공경하니 어찌 된 일입니까?'

그때 미륵불은 제자들이 마하가섭을 경솔히 대하는 것을 꾸짖고는 게송을 설하노라.

허울 좋은	공작새가	보기 좋아도	공작유호색 孔雀有好色
매나 솔개	먹이 됨은	피할 수 없고	응골요소식 鷹鶻鷂所食
흰 코끼리	힘이 매우	세기는 하나	백상무량력 白象無量力
그 덩치가	훨씬 작은	사자새끼가	사자자수소 師子子雖小
진흙 공을	으깨듯이	잡아먹으며	촬식여진토 撮食如塵土
크기로는	용의 몸이	훨씬 크지만	대룡신무량 大龍身無量
독한 새인	금시조는	당할 수 없다	금시조소박 金翅鳥所搏
사람들의	몸이 비록	한없이 크고	인신수장대 人身雖長大

살이 붙어	단정하고	보기 좋아도	비 백 단 정 호 肥白端正好
칠보병에	그의 똥을	담아 놓으면	칠 보 병 성 분 七寶瓶盛糞
그 누구도	더러움을	참지 못한다	오 예 부 가 감 汚穢不可堪

여기있는	이 사람은	키가 작으나	차 인 수 단 소 此人雖短小
그 지혜는	황금같이	단련되었고	지 혜 여 연 금 智慧如練金
익힌 번뇌	오래전에	다 소멸되어	번 뇌 습 구 진 煩惱習久盡
생과 사의	괴로움을	벗어났지만	생 사 고 무 여 生死苦無餘
오직 불법	수호코자	여기 있노라	호 법 고 주 차 護法故住此
어느 때나	두타행을	아주 잘 닦아	상 행 두 타 사 常行頭陀事
천인 인간	가운데서	으뜸이시니	천 인 중 최 승 天人中最勝
그 누구도	그의 행과	짝할 이 없다	고 행 무 여 등 苦行無與等
복덕 지혜	다 갖추신	석가모니불	모 니 양 족 존 牟尼兩足尊
법을 위해	그를 내게	보내셨으니	견 래 지 아 소 遣來至我所
모름지기	너희들은	한마음으로	여 등 당 일 심 汝等當一心
합장하고	공경하고	예배하여라	합 장 공 경 례 合掌恭敬禮

게송을 마친 뒤 미륵불은 다시 비구들에게 설하느니라.

'석가모니불이 오탁악세에서 중생을 교화하실 때, 1250인의 제자들 가운데 두타고행 제일은 가섭존자였다. 그의 몸은 금빛이었고 그 아내도 금빛이었는데, 아내를 버리고 출가하여 도를 배워서 밤낮으로 정진하기를 머리에 붙은 불을 끄듯이 하였다.

언제나 가난하고 천한 중생들을 불쌍히 여겨서 그들을 복되게 살 수 있도록 제도하고, 법을 전하기 위해 아직까지 이 세상에 머물고 있는 마하가섭이 바로 이분이다.'

미륵불이 이렇게 말하면 대중들은 그에게 예경을 하느니라.

그때 미륵불이 석가모니불의 가사를 받아서 입느니라. 그런데 양쪽 손조차도 가려지지 않

고 겨우 손가락 두 개만 가려질 정도인지라,
모두가 괴이하게 여기자 미륵불이 이르노라.

'지난 세상 부처님의 몸이 저렇게 작았던 까
닭은 그때의 중생들이 탐욕스럽고 교만하였기
때문이다.'

마하가섭의 신통

그리고는 마하가섭에게 이르노라.

'그대가 신족통(神足通)(어디든지 오갈 수 있는 능력)을 나타내고 부처님
의 경법(經法)을 설하도록 하라.'

그러자 마하가섭이 허공으로 날아올라 열여
덟 가지로 변화하는 모습을 보이느니라.

① 몸을 크게 만들어 허공을 가득 채우며

② 몸을 작게 만들어 겨자씨만 한 크기로 줄이며

③ 또다시 작은 몸을 크게 만들기도 하노라.

④ 몸 위로는 물을 뿜어내고

⑤ 몸 밑으로는 불을 뿜어내고

⑥ 땅 밟는 것을 물 위를 밟듯이 하고

⑦ 물 밟는 것을 땅 위를 밟듯이 하고

⑧ 허공에 앉고

⑨ 허공에서 몸이 떨어지지 않고

⑩ 동쪽에서 솟아올라 서쪽으로 사라지고

⑪ 서쪽에서 솟아올라 동쪽으로 사라지고

⑫ 남쪽에서 솟아 북쪽으로 사라지고

⑬ 북쪽에서 솟아올라 남쪽으로 사라지고

⑭ 변두리에서 솟아올라 중앙으로 사라지고

⑮ 중앙에서 솟아올라 변두리로 사라지고

⑯ 위에서 솟아올라 아래로 사라지고

⑰ 아래에서 솟아올라 위로 사라지며

⑱ 허공에 유리굴을 만들기도 하노라.

또 부처님의 위신력에 힘입어 범음(梵音)으로 석가모니불의 십이부경(十二部經)을 설하면, 대중들이 이를 듣고 일찍이 들어보지 못한 것이라며 기이하게 여기나니, 이때 80억 인은 번뇌를 떨쳐버리고 생사를 벗어나서, 모든 것 속에 있으면서도 어떠한 것에도 얽매이지 않는 아라한이 되고, 한량없는 천인들은 보리심을 일으키노라.

마하가섭의 열반

그때 마하가섭이 미륵불의 주위를 세 번 돈 다음, 공중에서 땅으로 내려와서 절을 하노라. 그리고 유위법이 다 무상한 것(有爲法皆悉無常)임을 설한 다음 미륵불을 하직하고, 기수굴산의 제자리로 돌아가서, 스스로의 몸에서 일으킨 불로 몸을 태워서 열반에 드느니라.

대중들은 마하가섭의 사리를 수습하여 산꼭대기에 탑을 세우면 미륵불이 찬탄을 하노라.

'석가모니불께서는 항상 대가섭비구가 모든

대중 가운데 두타제일^{頭陀第一}이요, 선정과 해탈과 삼매를 통달한 이라고 언제나 칭찬하셨노라.

그는 놀라운 신통력을 가지고 있었지만 교만함이 전혀 없었고, 언제나 중생들에게 큰 기쁨을 주었으며, 항상 가난하고 비천한 사람들을 불쌍히 여겼느니라.'

또 미륵불은 대가섭의 골신^{骨身}(사리)을 보면서 찬탄하노라.

'훌륭하도다. 크게 신령스러운 덕을 갖춘 석가모니불의 큰 제자 마하가섭이여, 그와 같은 악한 세상에서 어찌 그리 마음을 잘 닦으셨소.'

그때 마하가섭의 골신은 게송을 읊느니라.

고행 닦는 두타행은 보물창고요　頭陁是寶藏
계를 능히 잘 지킴은 감로수로다　持戒爲甘露

두타행을　잘 닦아서　나아갈지면　能行頭陀者 (능 행 두 타 자)
틀림없이　죽음없는　땅에 이르고　必至不死地 (필 지 불 사 지)
계 지키면　하늘나라　갈뿐 아니라　持戒得生天 (지 계 득 생 천)
대열반의　즐거움을　얻게 되노라　及與涅槃樂 (급 여 열 반 락)

　이렇게 게송을 읊은 마하가섭은 유리보석으로 된 물처럼 다시 탑 속으로 들어가느니라.
　그때 법을 설하는 도량의 넓이는 80유순이요 길이는 1백 유순으로, 어떤 이는 앉고 어떤 이는 서고 어떤 이는 가깝고 어떤 이는 멀리 있지만, 모두가 다 미륵불이 자기 바로 앞에서 자기 한 사람만을 위해서 설법해 주는 듯이 여기느니라.

미륵불의 열반
미륵불은 6만억 세 동안 세상에 머물면서

불쌍한 중생들로 하여금 법안(法眼)을 얻게 하고 열반에 드나니, 천인들과 사람들은 미륵의 몸을 다비(茶毘)(화장)하고, 전륜성왕은 사리를 수습하여 사천하에 8만 4천 개의 탑을 세우노라.

이 미륵불의 정법은 6만 년 동안 세상에 머무르고, 상법은 2만 년 동안 세상에 머무느니라.

너희는 힘써 정진해야 한다. 청정심(淸淨心)을 발하여 선업(善業)을 쌓아가면, 세간의 등불인 미륵불을 틀림없이 친견할 수 있게 되느니라."

경의 이름과 공덕

석가모니불께서 설법을 마치자, 사리불과 아난존자가 자리에서 일어나서 절을 한 다음에, 무릎 꿇어 합장하고 부처님께 여쭈었다.

"부처님이시여, 이 경의 이름을 무엇이며, 어

떻게 받들고 지니오리까?"

부처님께서 아난에게 이르셨다.

"네가 잘 기억하고 간직해서 천인과 사람들을 위해 널리 설하여 이 법이 끊어지지 않도록 하여라.

이 법문의 요긴한 이름은 '중생으로 하여금 오역중죄의 종자를 없애고, 모든 업장과 과보의 장애와 번뇌의 장애를 말끔히 제거하며, 자비스러운 마음을 닦아서 미륵불의 세상에 나도록 하는 경〔一切衆生斷五逆種 淨除業障報障煩惱障 修習慈心與彌勒共行〕'이니, 이렇게 받아 지닐지어다.

또 이름하여 '일체중생이 미륵불의 이름을 들으면 반드시 오탁악세를 면하고 삼악도에 떨어지지 않게 하는 경〔一切衆生得聞彌勒佛名 必免五濁世不墮惡道經〕'이라 하나니, 이렇게 받아 지닐지어다.

또 이름하여 '악한 말로 지은 죄를 부수어

마음을 연꽃처럼 깨끗하게 하고 미륵불을 보게 하는 경〔破惡口業 心如蓮花 定見彌勒佛經〕'이라 하나니, 이렇게 받아 지닐지어다.

또 이름하여 '자비로운 마음으로 생명을 죽이지 않고 고기를 먹지 않게 하는 경〔慈心不殺 不食肉經〕'이라 하나니, 이렇게 받아 지닐지어다.

또 이름하여 '석가모니불의 가사로써 믿게 하는 경〔釋迦牟尼佛以衣爲信經〕'이라 하나니, 이렇게 받아 지닐지어다.

또 이름하여 '부처님의 이름을 듣고 여덟 가지 재난을 면하는 경〔若有聞佛名 決定得免八難經〕'이라 하나니, 이렇게 받아 지닐지어다.

또 이름하여 '미륵성불경〔彌勒成佛經〕'이하 하나니, 이렇게 받아 지닐지어다."

부처님께서 사리불에게 이르셨다.

"내가 열반에 든 뒤에 비구·비구니·우바새·

우바이·천룡팔부·귀신 등이 이 경을 듣고 수지하고 독송하고 예배하고 공양하고 이 경을 설하는 법사를 공경하면, 모든 업보장애와 번뇌장애들이 다 없어져서 미륵불과 현겁의 1천 부처님을 뵙게 되고, 삼종보리(三種菩提)를 소원 따라 성취하며, 여인의 몸을 받지 않고 바른 생각으로 출가하여 큰 해탈을 얻게 되느니라."

이렇게 말씀을 마치자 법문을 들은 모든 대중들이 크게 기뻐하면서, 부처님께 예배를 드리고 물러갔다.

〈불설미륵대성불경 끝〉

용 어 풀 이 (가나다순)

가루라迦樓羅 : 팔부신의 하나. 금시조金翅鳥라고도 하며, 뱀 또는 용을 잡아먹는 큰 새.

건달바乾達婆 : 팔부신의 하나. 긴나라와 함께 제석천을 섬기는 음악의 신.

고苦 : 괴로움. 번뇌. 생각대로 되지 않는 것.

공空 : 텅 비어 있음. 모든 사물은 인연에 의해 생기는 것으로, 고정적인 실체가 없음.

과거칠불過去七佛 : 석가모니불이 탄생까지의 지난 세상에 출현한 일곱 부처님. 비바시불毘婆尸佛, 시기불尸棄佛, 비사부불毘舍浮佛, 구류손불拘留孫佛, 구나함모니불拘那含牟尼佛, 가섭불迦葉佛, 석가모니불釋迦牟尼佛 등. 앞의 세 부처님은 과거 장엄겁에 나신 부처님, 뒤의 네 부처님은 현재의 현겁賢劫에 나신 부처님.

구뇌고九惱苦 : 음녀 손타리의 비난, 말먹이 보리를 먹음 등 석가모니가 현세에서 받은 아홉 종류의 재난.

구류손불拘留孫佛 : 과거칠불의 넷째 부처. 인간의 수명이 4만 살 때 안화성에서 태어났으며, 시리수 아래에서 깨달음을 얻고 한 차례 설법하여 4만의 제자를 제도함.

구족계具足戒 : 출가한 비구가 지키는 250계와 비구니가 지키는 348계.

긴나라緊那羅 : 팔부신의 하나. 아름다운 음성을 지닌 춤과 음악의 신

나찰羅刹 : 사람의 피를 빨아먹는 악귀였으나 부처님의 교화를 받아 불교의 수호신이 됨.

누지불樓至佛 : 구류손불拘留孫佛 · 석가모니불釋迦牟尼佛 · 미륵불彌勒佛 등이 출현하는 이 현겁賢劫 천불千佛의 마지막 부처님.

다라니陀羅尼 : '총지總持 · 능지能持' 등으로 번역됨. 원래는 법을 이해하고 기억하는 능력으로 사용된 단어였으나, 나중에는 법의 정수를 담고 있는 요문要門이나 신비스러운 능력을 지닌 주문을 가리키는 단어로 사용됨.

대목건련大目犍連 : 부처님의 십대제자 중 신통력 제일.

도과道果 : 불도 수행의 결과. 깨달음, 열반을 말함.

도솔천兜率天 : 욕계欲界 6천六天의 제4천. 그곳의 내원內院은 장차 부처가 될 보살이 사는 곳. 그곳의 천인은 스스로 만족할 줄 안다고 하여 지족천知足天이라 번역함.

등정각等正覺 : 범어 Samyak-saṃbuddha(삼먁삼붓다)의 번역. 정등각正等覺 · 정변지正遍智. 부처님이 평등하고 바른 진리를 깨달았다고 하여 이렇게 이름함.

마하가섭摩訶迦葉 : 부처님의 십대제자 중 두타행頭陀行(걸식 수행) 제일.

마하파사파제摩訶婆斯婆提 : 싯다르타를 양육한 이모. 최초의 비구니.

마후라가摩喉羅伽 : 팔부신의 하나. 이무기·큰 뱀·사신蛇神이라고도 함.

멸진정滅盡定 : 마음의 작용을 모두 끊어버리는 선정. 소승의 성자가 해탈과 열반의 경지로 삼아 닦는 선정.

무상無常 : 영원함이 없다는 뜻. 나고 죽고 흥하고 망하는 것의 덧없음을 이르는 말.

무상천無想天 : 색계 제4선천禪天에 있는 하늘. 이 하늘에 태어나면 모든 생각이 없어지므로 이와 같이 이름한 것임.

무아無我 : 내가 없음. 곧 '나'라는 고정된 실체가 없다는 것.

무위無爲 : 인연 또는 인과관계를 떠난 경지. 곧 인위적인 조작이 없는 열반을 가리킴.

문수사리文殊師利 : 부처님의 큰 능력인 지혜·자비·행원 중에서 지혜를 깨우쳐 주는 보살.

바라밀婆羅蜜 : 태어나고 죽는 현실의 괴로움에서 번뇌와 고통이 없는 경지인 피안으로 건넌다는 뜻으로, 열반에 이르고자 하는 보살의 수행을 이르는 말.

반야바라밀般若波羅蜜 : 생사윤회를 벗어나게 하는 대지혜. 분별과 집착이 끊어진 완전한 지혜의 성취.

발타바라跋陁波羅 : 부처님이 법화경을 설법할 때 참여한 보살로, 현겁賢劫 천불千佛의 한 분.

범천梵天 : 제석천과 함께 불법을 지키는 대표적인 호법신. 대범천이라고도 함.

벽지불辟支佛 : 스승으로부터 가르침을 받지 않고 혼자서 깨달은 수행자. '독각獨覺'이라고도 하며, 인연법을 관찰하여 깨달음을 얻으므로 '연각緣覺'이라고도 함.

보살승菩薩乘 : 위로는 깨달음을 구하고 아래로는 중생을 구제하는 보살의 경지에 이르게 하는 부처님의 가르침.

보시바라밀布施波羅蜜 : 육바라밀六波羅蜜의 하나. 보시를 완전하게 성취함.

불자拂子 : 수행자의 마음에 있는 티끌과 번뇌를 털어내는 것을 상징하는 불구.

비사카모毘舍佉母 : 녹자목鹿子母라고 번역. 석가모니와 제자들에게 공양을 많이 한 보시 제일의 여인. 녹자모강당을 지어 부처님께 보시하였음.

사리불舍利弗 : 부처님의 십대제자 중 지혜 제일.

사마四魔 : 중생을 괴롭히고 수행을 방해하는 네 가지 마魔.
　(1) 온마蘊魔 : 여러 가지 괴로움을 일으키는 오온五蘊.
　(2) 번뇌마煩惱魔 : 몸과 마음을 어지럽히는 탐貪·진瞋·치癡 등.

(3) 사마死魔 : 목숨을 빼앗아 가는 죽음.

(4) 천자마天子魔 : 수행을 방해하는 타화자재천의 마왕魔王과 그 권속.

사악도四惡道 : 네 가지 악한 세상. 삼악도인 지옥·아귀·축생계에 아수라계를 더한 것.

사위국舍衛國 : 범어 쉬라바스티(śrāvasti)의 한역. 사위성舍衛城이라고도 한다. 석가모니 때 갠지스강 유역의 한 강국이었던 코살라국의 수도로서, 북인도의 교통로가 모이는 상업상으로 중요한 도시. 성 밖에는 기원정사祇園精舍가 있음.

사홍서원四弘誓願 : 네 가지 큰 서원.

①중생무변서원도衆生無邊誓願度 : 가없는 중생을 모두 건지겠다는 맹세의 원.

②번뇌무진서원단煩惱無盡誓願斷 : 다함없는 번뇌를 모두 끊겠다는 맹세의 원.

③법문무량서원학法門無量誓願學 : 한없는 법문을 모두 배우겠다는 맹세의 원.

④불도무상서원성佛道無上誓願成 : 위없는 불도를 마침내 이루겠다는 맹세의 원.

삼독三毒 : 사람의 착한 마음을 해치는 세 가지 근본 번뇌. 탐貪(욕심)·진瞋(성냄)·치痴 (어리석음).

삼명三明 : 육신통 가운데 ①전생을 아는 숙명통宿命通 ②먼 곳의 일도 능히 아는 천안 통天眼通 ③번뇌를 다한 누진통漏盡通. 이 세 가지를 밝은 지혜라 하여 삼명이라고 함.

삼선천三禪天 : 색계 사선천四禪天의 하나. 선을 닦는 사람이 이선천二禪天에서 얻은 기 쁨을 떠나 청정무구한 낙을 얻는 곳.

삼십삼천三十三天 : 제석천왕이 머물고 있는 수미산 정상의 하늘. 도리천이라고도 함.

삼십칠조도품三十七助道品 : 깨달음을 이루는 수행법. 사념처四念處·사정근四正勤·사 여의족四如意足·오근五根·오력五力·칠각지七覺支·팔정도八正道를 합친 것.

(1)4념처四念處 : ①육신이 부정하다고 관하는 것〔身念處신념처 : 觀身不淨관신부정〕 ② 즐거움이라고 받아들이는 모든 것이 고통이라고 관하는 것〔受念處수념처 : 觀受是苦 관수시고〕 ③마음을 무상한 것이라고 관하는 것〔心念處심념처 : 觀心無常관심무상〕 ④모든 것에 자아인 실체가 없다고 관하는 것〔法念處법념처 : 觀法無我관법무아〕.

(2)4정근四正勤 : 4정단四正斷이라고도 함. ①이미 생긴 악惡을 없애려고 부지런히 함 ②아직 생기지 않은 악을 미리 방지하려고 부지런히 함 ③이미 생긴 선善을 더 증 장시키려고 부지런히 함 ④아직 생기지 않은 선을 생기도록 부지런히 함.

(3)4여의족四如意足 : 사신족四神足이라고도 함. ①욕欲 ②정진精進 ③심心 ④사유思惟. 이 넷이 있어 자유자재한 신통이 일어나므로 4여의족이라 함.

(4)5근五根 보리를 이루기 위한 다섯 가지 뿌리. ①신근信根 ②진근進根 ③염근念根 ④정근定根 ⑤혜근慧根.

(5)5력五力 : 보리에 도달하는 데 필요한 다섯 가지 힘. ①신력信力 ②진력進力 ③염력 念力 ④정력定力 ⑤혜력慧力.

(6)7각분七覺分:7각지七覺支라고도 함. 보리에 도달하기 위해 수행하는데, 지혜로써 참되고 거짓되고 선하고 악한 것을 살펴서 골라내고 알아차리는 7가지. ① 택법각분擇法覺分 ② 정진각분精進覺分 ③ 희각분喜覺分 ④ 제각분除覺分 ⑤ 사각분捨覺分 ⑥ 정각분定覺分 ⑦ 염각분念覺分.

(7)8정도八正道:보리 · 열반에 이르는 완전한 수행법인 중도中道의 8가지 바른길. ① 정견正見 ② 정사유正思惟 ③ 정어正語 ④ 정업正業 ⑤ 정명正命 ⑥ 정정진正精進 ⑦ 정념正念 ⑧ 정정正定.

삼종보리三種菩提:세 종류의 깨달음. 성문보리聲聞菩提 · 연각보리緣覺菩提 · 제불보리諸佛菩提.

상호相好 : 부처님께는 뚜렷하게 보이는 32가지의 훌륭한 상相과 미세하여 보기가 쉽지 않은 80가지의 호好가 있음.

성문승聲聞乘 : 삼승三乘의 하나. 성문들이 타는 수레라는 뜻으로, 부처의 설법을 듣고 아라한의 깨달음을 얻게 하는 교법.

수능엄삼매首楞嚴三昧 : 번뇌와 마구니를 물리치는 삼매.

수다원須陀洹:아라한에 이르는 성문聲聞 사과四果 가운데 첫 번째 단계. 법에 대한 의심이 없어져서 성인의 흐름에 들었다고 하여 예류預流 또는 입류入流라고도 한다. 수다원이 되면 일곱 생 안에 해탈한다고 함.

신족통神足通 : 육신통六神通의 하나. 신여의통身如意通이라고도 한다. 시기時機에 응하여 크고 작은 몸을 나타내어 자기의 생각대로 날아다니는 신통력.

십력十力:부처님만이 지니고 있는 10가지 지혜의 힘.
①옳고 그름을 변별하는 지혜의 힘〔處非處智力처비처지력〕
②선악의 업과 그 과보를 여실하게 아는 지혜의 힘〔業異熟智力업이숙지력〕
③선정과 해탈 등을 여실히 아는 지혜의 힘〔禪定解脫智力선정해탈지력〕
④중생 근기의 상하 우열을 여실히 아는 지혜의 힘〔根上下智力근상하지력〕
⑤중생의 여러 가지 의욕 등을 여실히 아는 지혜의 힘〔種種勝解智力종종승해지력〕
⑥중생계의 온갖 경계를 여실히 아는 지혜의 힘〔種種界智力종종계지력〕
⑦수행하여 나아가는 길을 여실히 아는 지혜의 힘〔遍趣行智力변취행지력〕
⑧중생의 숙명을 여실히 아는 지혜의 힘〔宿住隨念智力숙주수념지력〕
⑨중생들의 죽음과 태어남을 여실히 아는 지혜의 힘〔死生智力사생지력〕
⑩일체의 번뇌가 다한 것을 여실히 아는 지혜의 힘〔漏盡智力누진지력〕.

십선十善:십선도十善道, 십선계十善戒라고도 함. 열 가지 악행인 십악十惡을 범하지 않음.
①목숨을 죽이지 않는 불살생不殺生　②도둑질을 하지 않는 불투도不偸盜
③삿된 음행을 하지 않는 불음행不邪婬　④거짓말을 하지 않는 불망어不妄語

⑤ 욕을 하지 않는 불악구不惡口　　⑥ 이상한 말을 하지 않는 불기어不奇語
⑦ 이간질하지 않는 불양설不兩舌　　⑧ 탐욕스러운 마음을 버리는 불탐욕不貪欲
⑨ 성내거나 시기하지 않는 불진에不瞋恚　⑩ 삿된 소견을 지니지 않는 불사견不邪見

십이두타행 十二頭陀行 : 번뇌煩惱의 티끌을 떨어 없애고, 의식주衣食住를 탐하지 않으며 청정淸淨하게 불도佛道를 수행修行하는 12조條의 행법行法.
　① 재아란야처在阿蘭若處　② 상행걸식常行乞食　③ 차제걸식次第乞食　④ 수일식법受一食法
　⑤ 절양식節量食　⑥ 중후부득음장中後不得飮漿　⑦ 착폐납의著弊衲衣　⑧ 단삼의但三衣
　⑨ 총간주塚間住　⑩ 수하지樹下止　⑪ 노지좌露地坐　⑫ 단좌불와但坐不臥

십이부경 十二部經 : 석가모니의 교설을 그 성질과 형식에 따라 구분하여 12부로 분류하여 놓은 불교 경전.

아뇩다라삼먁삼보리 阿耨多羅三藐三菩提 : 위없이 높고 바르고 평등한 깨달음.

아라한도 阿羅漢道 : 성문사과聲聞四果의 마지막 단계. 모든 번뇌를 다 끊어 열반의 경지를 이룬 소승불교 최고의 경지.

아비지옥 阿鼻地獄 : 괴로움이 끊임없이 이어지는 가장 괴로운 지옥. 고통이 잠시도 멈추지 않는다고 하여 무간지옥無間地獄이라 번역함.

아수라 阿修羅 : 팔부신의 하나. 육도六道 중생 중 하나. 싸움을 매우 좋아함. 여기서는 불교를 수호하는 신으로 등장함.

아야교진여 阿若憍陳如 : 석가모니불이 최초로 교화한 다섯 비구 중 한 사람.

악도 惡道 : 악한 일을 많이 저지른 이가 간다는 지옥·아귀·축생 등의 고통스러운 세계.

야차 夜叉 : 팔부신의 하나. 원래는 식인귀로 포악한 귀신이나, 부처님의 교화를 받아 불법을 보호하는 호법신이 됨.

여래 如來 : '한결같이 오신 분' 또는 '한결같이 가신 분〔如去여거〕'라는 뜻으로 부처님에 대한 존칭. 석가모니는 제자들에게 "앞으로 나를 여래로 부르라"고 가르쳤다.

연각승 緣覺乘 : 연기緣起의 이치를 깨닫는 연각들에 대한 부처의 가르침.

염마천 焰魔天 : 욕계 6천 중 제3천인 야마천夜魔天의 다른 이름.

염부단금 閻浮檀金 : 자줏빛을 띠고 있는 가장 귀한 금.

염부제 閻浮提 : 수미산 남쪽에 있는 세상. 원래는 인도를 가리켰으나, 이 사바세계를 뜻하는 말로 쓰이게 됨.

영락 瓔珞 : 보배구슬을 꿰어 만든 장신구. 목이나 팔 등에 두른다.

오계 五戒 : 불교에서 가장 근본이 되는 5가지 계율. ① 생명을 죽이지 말라〔不殺生불살행〕 ② 주지 않는 것을 가지지 말라〔不偸盜불투도〕 ③ 사음하지 말라〔不邪婬불사음〕 ④ 진실되지 않은 거짓말을 하지 말라〔不妄語불망어〕 ⑤ 술을 마시지 말라〔不飮酒불음주〕

오역죄五逆罪: 무간지옥에 떨어지는 5가지의 큰 죄. ① 어머니를 죽임 ② 아버지를 죽임 ③ 아라한을 죽임 ④ 부처님 몸에 피를 냄 ⑤ 승가의 화합을 깸.

오욕五欲: 인간의 다섯 가지 근본 욕심인 재물욕·색욕·식욕·명예욕·수면욕.

오욕락五欲樂: 인간의 다섯 가지 근본 욕심인 오욕을 즐김.

오음五陰: 오온五蘊이라고도 함. ①색色은 물질 또는 육체 ②수受는 감수작용 ③상想은 표상작용 ④행行은 의지 혹은 충동적 욕구 ⑤식識은 인식작용. 이 중 색은 육체, 나머지는 정신작용.

오체투지五體投地: 몸의 다섯 부분인 두 팔과 두 무릎과 이마를 땅에 대고 하는 큰 절.

오탁악세五濁惡世: 오탁五濁으로 가득 찬 죄악의 세상.
①기아·질병 등이 가득한 겁탁劫濁 ②사악한 사상과 견해가 무성한 견탁見濁 ③탐욕과 분노 등의 정신적 악덕이 많은 번뇌탁 ④몸과 마음 모두 중생의 자질이 저하되는 중생탁 ⑤수명이 짧아지는 명탁命濁.

욕계欲界: 삼계三界의 하나. 욕심 많은 중생이 사는 세계로, 지옥·악귀·축생·아수라·인간의 세계와 천상의 육욕천六欲天까지를 포함한 세계.

용龍: 팔부신의 하나. 우리나라는 불법을 보호하는 호법룡 신앙이 특히 강하였음.

우바리優婆離: 부처님의 십대제자 중 계율 제일.

울단월세계: 수미산의 사방에 있는 사천하 중 북쪽에 있는 곳으로 가장 살기 좋은 곳.

유위법有爲法: 함이 있는 법. 인과 연이 모여서 생겨나고 생멸 변화하는 것들 모두를 유위법이라고 함.

육바라밀六波羅蜜: 보살이 열반에 이르기 위해 실천하는 여섯 가지 덕목. 보시·인욕·지계·정진·선정·지혜.

육사법六事法: ①부처님을 생각하고 ②법을 생각하고 ③승가를 생각하고 ④도솔천을 생각하고 ⑤계를 생각하고 ⑥보시를 생각함.

육신통六神通: 여섯 가지 신통력. ①보통 사람이 보지 못하는 것을 꿰뚫어 보는 천안통天眼通 ②보통 사람이 못 듣는 것을 듣는 천이통天耳通 ③남의 마음을 꿰뚫어 아는 타심통他心通 ④전생의 일을 꿰뚫어 아는 숙명통宿命通 ⑤걸림 없이 어디든지 오갈 수 있는 신족통神足通 등의 5가지 신통력에 ⑥번뇌가 완전히 사라진 누진통漏盡通을 더한 것. 다섯 가지 신통은 불교 이외의 선인이나 범부도 얻을 수 있으나, 누진통은 불교의 성자만이 얻을 수 있다고 함.

육종진동六種震動: 땅이 여섯 가지로 진동하는 것. 이는 대신변大神變의 일종으로 위대한 설법 등에 앞서 보이는 상서로운 조짐의 하나임.

응공應供: 여래 십호十號의 하나. 온갖 번뇌를 끊어서 모든 중생으로부터 공양을 받을 만한 분이라는 뜻.

일생보처보살一生補處菩薩 : 보살 최고의 경지로, 한 생 후의 다음의 생에는 반드시 부처님이 되는 이. 미륵보살이 대표적인 예임.

정거천淨居天 : 색계 제4천에 있으며, 불환과不還果(아나함)를 증득한 성인이 나는 하늘.

정변지正遍知 : 여래 십호의 하나. 세상의 모든 일을 바르게 두루 다 아는 분이라는 뜻.

제일의제第一義諦 : 가장 뛰어나고 참된 도리.

지계바라밀持戒波羅蜜 : 육바라밀六波羅蜜의 하나. 계율을 완전하게 지킴.

찰제리利帝利 : 인도의 사성四姓 가운데 두 번째 계급으로, 왕족 · 귀족 · 무사들.

천天 : 팔부신의 하나. 천인들.

칠보七寶 : 금 · 은 · 유리 · 수정 · 진주 · 마노 · 호박 등의 일곱 가지 보물. 또 전륜성왕이 지니는 7가지 보배인 금륜金輪 · 코끼리 · 말 · 여의주如意珠 · 여인[玉女옥녀] · 장군 · 대신도 칠보라고 함.

타화자재천他化自在天 : 욕계의 제6천. 이곳의 왕은 마왕 파순임.

팔공덕수八功德水 : 여덟 가지 공덕이 있는 물. ①청정함 ②향기로움 ③가벼움 ④서늘함 ⑤부드러움 ⑥아름다움 ⑦맛이 있음 ⑧마시면 병이 나음.

팔관재법八關齋法 : → 팔재계

팔난八難 : 여덟 가지 괴롭고 힘든 일. 배고픔 · 목마름 · 추위 · 더위 · 물 · 불 · 칼 · 전쟁.

팔부신八部神 : 천 · 용 · 야차 · 건달바 · 아수라 · 가루라 · 긴나라 · 마후라가.

팔재계八齋戒 : 팔관재계. 재가불자가 하룻밤 하룻낮 동안 받아 지키는 여덟 가지 계율. 곧 ①중생을 죽이지 말 것 ②훔치지 말 것 ③음행하지 말 것 ④거짓말하지 말 것 ⑤술 먹지 말 것 ⑥꽃다발 쓰거나 향 바르고 노래하고 풍류잡히지 말며 가서 구경하지 말 것 ⑦높고 넓고 큰 잘 꾸민 평상에 앉지 말 것 ⑧때가 되지 않았으면 먹지 말 것 등임. 이 가운데 ⑧은 재齋, 나머지 일곱은 계戒임. 특히 마지막 오후불식午後不食을 8계 중에서 가장 중요하게 여김.

팔해탈八解脫 : 모든 번뇌를 끊고 아라한과를 얻기까지 8단계의 해탈 과정(내용이 너무 복잡하고 큰 도움이 되지 않으므로 8단계는 생략함).

화락천化樂天 : 욕계 6천의 제5천으로, 아직 오욕의 경계가 남아 있음.

화불化佛 : 중생을 교화하기 위해 신통력으로 임시로 나타낸 부처님의 분신.

화생化生 : 어머니의 태胎를 거치지 않고 생겨남. 여기서는 법에서 태어난다는 뜻.

화신불化身佛 : 삼신불三身佛의 하나. 일체중생을 제도하기 위해 그들의 근기와 상황에 맞추어서 인연 따라 다양한 모습으로 화현하여 나타난 부처님.

한글 큰활자본 기도 독송용 경전 (책 크기 4×6배판)

법화경 / 김현준 역	4×6배판 (양장본) 1책 520쪽 25,000원 / (무선제본) 전3책 550쪽 22,000원

불교 최고 경전인 법화경을 독송하면 소원성취는 물론 깨달음과 경제적인 풍요까지 안겨줍니다.

법화경을 독송하고 사경하면 부처님과 대우주법계의 한량없는 가피가 저절로 찾아들어 업장소멸은 물론이요 갖가지 소원을 두루 성취할 수 있습니다. 특히 밝은 지혜를 얻고 크게 향상하게 되며 경제적인 풍요와 사업의 번창, 시험의 합격 및 승진이 쉬워지고 가족 모두가 평온하고 복된 삶을 누리며, 병환·재난·가난 등 현실의 괴로움이 소멸되고 부모 친척 등의 영가가 잘 천도되며 구하는 바가 뜻과 같이 이루어집니다.

지장경 / 김현준 편역	4×6배판 208쪽 8,000원

지장기도를 하는 분들을 위해 ① 지장경을 처음부터 끝까지 1번 독송 ② '나무지장보살'을 천번염송 ③ 지장보살예찬문을 외우며 158배, ④ '지장보살'천번 염송의 4부로 나누어 만들었습니다. 각 장 앞에 제시된 기도법에 따라 기도를 하면, 지장보살의 가피 속에서 영가천도·업장소멸·소원성취·향상된 삶을 이룩할 수 있게 됩니다.

금강경 / 우룡스님 역   112쪽 5,000원
책 크기만큼 글씨도 크게 하고 한자 원문도 수록하였으며, 독송에 관한 법문도 첨부하였습니다. 사찰 및 가정에서의 독송용으로 매우 좋습니다.

유마경 / 김현준 역   296쪽 12,000원
보살의 병은 어디서 오는가? 불도란 어떤 것인가? 깨달음의 세계로 들어가는 불이법문, 등등 매우 소중한 가르침들을 가득 담고 있습니다.

승만경 / 김현준 편역   144쪽 6,000원
여인의 성불 수기와 함께 승만부인의 서원, 정법·번뇌·법신·일승·사성제·자성청정심·여래장사상 등을 분명히 밝힌 주옥같은 경전.(한글 한문 대조본)

원각경 / 김현준 편역   192쪽 8,000원
한국불교 근본 경전 중 하나로, 중생이 부처가 되려면 어떻게 해야하는지를 12보살과의 문답을 통해 설한 경전으로 쉽게 번역 하였습니다. (한글 한문 대조본)

밀린다왕문경 / 김현준 편역 신국판 204쪽 7,000원
그리스 왕인 밀린다와 불교 승려인 나가세나가 인생과 불교에 대해 대론한 것을 정리한 경전으로 신심을 크게 불러일으킵니다.

자비도량참법 / 김현준 역   양장본 528쪽 25,000원
나의 죄업 참회에서 시작하여 부모 친척 등 온 법계 중생의 업장과 무명까지 모두 소멸시켜주며, 자비가 충만하여지고 환희심이 넘쳐나게 됩니다.

무량수경 / 김현준 역   176쪽 7,000원
아미타불은 어떠한 분이며, 극락의 장엄과 멋과 행복, 극락에 왕생하려면 이 현생에서 어떠한 삶을 살아야 하는가를 자세하게 묘사하고 있습니다.

아미타경 / 김현준 편역   92쪽 4,000원
아주 큰 활자 번역본으로 독송하기에 아주 좋으며, '나무아미타불' 염불 방법을 함께 실었습니다.

관무량수경 / 김현준 편역   112쪽 5,000원
이 경전에 설한 16관법의 내용과 그림을 음미하다 보면, 현세의 복된 삶과 극락왕생이 성큼 다가섭니다.

약사경 / 김현준 편역   100쪽 4,000원
한글 번역본으로, 독경 방법 및 약사염불법도 함께 실어 기도에 도움이 되도록 하였습니다.

관음경 / 우룡스님 역   96쪽 4,000원
관음경의 원문과 독송법, 관음 염불 방법 등을 수록하여 관음경의 가르침을 쉽게 이해하도록 하였습니다.

보현행원품 / 김현준 편역   112쪽 5,000원
보현행원품과 예불대참회문을 함께 실어 독경 후 보현108배대참회를 할 수 있도록 엮었습니다.

천지팔양신주경 / 김현준 편역   96쪽 4,000원
결혼·출산·사업·죽음 등 중요한 때마다 독송을 하면 크게 길하고 이롭고 복덕을 갖추게 된다고 합니다.

육조단경(덕이본德異本) / 김현준 역 208쪽 8,000원
혜능대사께서 설한 선종의 근본 경전으로, 인간의 참된 본성을 보게 하여 깨달음을 열어줍니다. 계속 정독하면 영성이 깨어나고 대자유인이 될 수 있습니다.

아름다운 우리말 경전 (책 크기 휴대용 국반판)

·금강경	명쾌한 금강경 풀이와 함께 금강경의 근본 가르침을 함께 수록한 책	우룡스님 역	100쪽	2,500원
·아미타경	한글 번역과 함께 독송하는 방법과 아미타불 염불법에 대해 설한 책	김현준 역	100쪽	2,500원
·약사경	한글 번역과 함께 약사기도법과 약사염불법에 대해 자세히 설한 책	김현준 편역	100쪽	2,500원
·관음경	관음경의 번역과 함께 관음기도와 관음염불법에 대해 자세히 설한 책	우룡스님 역	100쪽	2,500원
·지장경	편안하고 쉬운 번역과 함께 지장기도법을 간략히 설한 책	김현준 역	196쪽	4,000원
·부모은중경	부모님의 은혜를 느끼며 기도를 할 수 있게 엮은 책	김현준 역	100쪽	2,500원
·보현행원품	보현보살의 십대원을 중심으로 설하여 참된 보살의 길로 이끌어주는 책	김현준 편역	100쪽	2,500원
·초발심자경문	신심을 굳건히 하고 수행에 대한 마음을 불러일으키게끔 하는 책	일타스님 역	100쪽	2,500원
·법요집	법회와 수행 시에 필요한 각종 의식문, 좋은 몇 편의 글들을 수록한 책	불교신행연구원 편	100쪽	2,500원